영업의 신

영업의 신

초판 1쇄 인쇄 2020년 5월 20일
초판 1쇄 발행 2020년 5월 29일

지은이 권태호
펴낸이 우세웅
기획총괄 우 민
책임편집 김은지
기획·마케팅 정우진
북디자인 신은경

펴낸곳 슬로디미디어그룹
출판등록 제25100-2017-000035호(2017년 6월 13일)
주소 서울특별시 마포구 월드컵북로 400, 서울산업진흥원(문화콘텐츠센터)5층 20호
전화 02) 493-7780
팩스 0303) 3442-7780
전자우편 wsw2525@gmail.com(원고투고·사업제휴)
홈페이지 http://slodymedia.modoo.at
블로그 http://slodymedia.xyz
페이스북 · 인스타그램 slodymedia

ISBN 979-11-88977-47-5 (03320)
이 도서의 국립중앙도서관 출판예정도서목록(CIP)은 서지정보유통지원시스템 홈페이지(http://seoji.nl.go.kr)와 국가자료공동목록시스템(http://www.nl.go.kr/kolisnet)에서 이용하실 수 있습니다. (CIP제어번호 : CIP2020019658)

1등 영업고수의 영업비법

영업의 신

권 태 호 지음

GOD OF BUSINESS

슬로디미디어

프롤로그

0 0 1   당신의 인생에는 분명 '영업'이 있다

영업하길 참 잘했다

어느새 나도 13년 차 영업인이 되었다. 가끔 현장에서 20년 이상 일하고 있는 베테랑 영업인들을 만날 때가 있다. 그들의 눈에는 내 경력이 적어 보이겠지만, 나는 13년이라는 세월 동안 많은 것을 경험하고 배웠으며, 크고 작은 성과도 이뤘다. 그리고 그 성과는 나이가 많다고, 학력이 높다고 이뤄지는 것도 아님을 알았다.

인생에서 배워야 할 것을 20대 초반에 영업의 길로 뛰어들면서 조금 더 빨리 배웠다. 현장에서 직접 부딪혀가며 깨달을 수 있음에 감사하다. 영업 현장에는 인생에서 알아야 할 지혜와 지식이라는 보물이 숨어 있다. 나는 영업을 통해 사람을 배우고, 사물을 보는 관점의 폭을 넓혔다.

무엇이든 할 수 있을 것만 같은 입사 초기. 신입 사원으로서의 열정과 패기는 회사에 적응하는 순간 온데간데없이 사라진다. 영업인에게는 현실에 안주하며 일에 만족하는 시기가 가장 위험하다. 이때가 바로 선택의 시기이다. 변화의 필요성을 인지한 영업 고수는 영업 환경을 바꾸기 위해 나름의 노력을 시작하지만, 매너리즘에 빠져 있는 영업 하수는 변화가 두려워 현재에 만족한다.

나는 기업교육 전문 회사에서 기업교육 제안 영업을 시작으로, 분양업, 제약업, IT 업계의 영업을 경험해왔다. 정규직으로서의 첫 직장인 제약회사에서는 입사 6개월 만에 200%의 성장을 이루어 최우수 영업 사원이 되기도 했으며, 영업의 정점인 전국 영업 일등까지 해보았다. 그리고 현재 몸담은 IT 기업에서는 입사 9개월 만에 월 매출 1억 3천을 달성했다.

현장에서 어려움에 처한 영업인들을 보면 안타까운 마음이 든다. 그래서 영업을 이제 막 시작하는 영업인, 영업에 관심이 있는 대학생 그리고 현장에서 고군분투하는 현직 영업인들에게 실질적인 도움을 주기 위해 이 책을 집필했다.

'영업은 인생이다. 인생은 영업이다'가 나의 지론이다. 물론 나도 인생을 제대로 배우기 위해 영업을 선택한 건 아니다. 그러나 분명한 사실은, 영업의 현장에서 발로 뛰며 인생을 배웠다는 것이다. 아무리 생각해봐도 나는 영업하길 참 잘했다.

'수박 겉 핥기'라는 속담이 있다. 대충 맛만 보고는 다 안다고 착각하기 쉽다는 말이다. 그리고 다 안다고 착각하는 순간, 사람은 변화하려 하지 않는다. 현실에 안주하며 만족한다. 더는 배우지 않으려 하는 게 문제다. 바로 이때가 위험한 순간임을 인식하자. 영업인은 위기를 기회로 바꾸고, 끊임없이 배우고, 배움을 현장에 적용해 성과를 내야 한다.

나는 지금껏 다양한 분야의 영업을 경험한 베테랑 영업인이다. 나의 영업에 대한 성공과 실패 스토리가 이 책을 읽는 당신의 인생을 빛나게 해주길 진심으로 소망한다.

권태호

"

———————————————————

당신의 인생에는
분명 '영업'이 있다

———————————————————

"

왜
영업인가?

「일부 소극적인 여학생들과 정확히 반대되는 한 남학생의 실례를 보자. 천안 한국기술교육대학교 4학년생 K 씨. 학벌과 학점, 토익 점수라는 소위 '스펙' 면에서 딱히 내세울 게 없는 처지였지만 대학 시절 따놓은 각종 자격증이 무려 26개, 응모해 당선된 공모전이 11개에 달했다. 거기다 각종 기업체와 기관 후원을 이용해 자기 돈 한 푼 들이지 않고 여러 차례 해외여행을 경험했다. K 씨는 졸업하기도 전에 한국리더십센터 인턴에 합격했다.」

대학교 4학년 때 한 신문에 실린 내 이야기다. 영업인으로 살아오면서 크고 작은 성공을 경험했고, 그 토대가 된 게 바로 신문에 실린 내용이다. 26개의 자격증을 취득하기 위해 딱 26번만 시험에 응시했을까? 11개의 공모전에 당선되기 위해 딱 11개의 제안서만 넣었을까? 아니다. 수차례 시험을 치르고, 50번 넘게 제안서를 썼다 지웠다 반복했다. 그러면서 경험이 쌓이고, 나만의 스토리가 만들어졌다.

10여 년간 일한 제약회사의 영업직을 그만두면서 한 권의 책을 출간했다. 《거절에 대처하는 영업자의 대화법》이라는 책이다. 막상 책을 출간하고 보니, 혼자서 해야 할 일이 많았다. 출간 기념회는 물론이고, 강의 준비, 장소 선정과 섭외, 일정 조율, 홍보, 마케팅, 기획까지 말이다. 게다가 소소하게 들어가는 비용까지 신경 써야 했다.

출간기념회를 열기 위한 장소 선정이 가장 고민이었는데, 장소가 괜찮으면 대관료가 비쌌다. 그러다가 오픈한 지 얼마 안 된 마음에 드는 레스토랑을 발견했다. 대관료는 50만 원이었다. 나는 레스토랑의 점장을 만나 레스토랑을 홍보해주는 대신 대관료를 할인해줄 것을 제안했다. 출간기념회를 하면 100명 정도의 사람들이 이 레스토랑에 방문할 것이며, SNS를 통해 자연스럽게 레스토랑이 노출되도록 하겠다고 이야기했다. 그렇게 나는 10만 원에 레스토랑을 대관할 수 있었다. 바로 '영업'을 한 것이다.

점장의 고민을 파악한 후, 고민거리를 해결해주고 내가 원하는 것을 얻는 것. 이것이 영업이다. 그만큼 영업은 우리의 삶과 매우 밀접하다. 그렇다면 영업에 대해 잘 알수록 삶이 풍요로워

지지 않을까?

　아직도 영업인이라고 하면 곱지 않은 시선으로 보는 이들이 많다. 그러나 나는 영업을 배울 기회가 있으면 놓치지 말라고 이야기하고 싶다. 영업 현장에서 일어나는 모든 일들은 훗날 당신에게 도움이 될 것이다. 영업의 장점은 다음과 같다.

　첫째, 시간을 자유롭게 유용할 수 있다. 남의 지시에 따라 움직이는 수동적인 삶이 아니라, 주도적으로 계획하고 실행하는 능동적인 삶을 살 수 있다. 시간 유용이야말로 영업의 최대 장점이다.
　둘째, 자기 관리를 할 수 있다. 시간 관리의 중요성을 이해하고 적용하면 가능한 일이다. 자기 계발, 자기 관리는 영업인이라면 말할 필요도 없이 중요하다.
　셋째, 자기만의 목표가 생긴다. 시간 관리와 자기 관리를 하는 사람에게는 자연스러운 일이다. 스스로 설정한 목표 달성을 위해 노력하면 그만이다. 목표를 위해 노력하는 것만으로도 우리는 한 단계 성장한다.

　나는 현재 외국계 IT 기업에서 영업부 매니저로 일하고 있다. 더 높은 목표를 달성하기 위해 현장에서 고객들과 만들어나가는 하루하루가 소중하다. 그래서 시간을 허투루 쓸 수가 없다. 현장에서 일하고 정해진 시간에 사무실에 복귀해야 하는 게 아니므로 더욱 자기 관리와 시간 관리에 철저해야 한다.

내 꿈은 강사였다. 강사가 되기 위해 시작한 영업이지만, 지금은 더 큰 꿈과 목표를 향해 나아가는 나를 보게 된다. 얼마나 감사하고 행복한지 말로 표현할 수가 없다. 다시 한번 말하지만, 영업을 시작해서 얼마나 다행인지 모른다.

영업인으로서 정식으로 사회 첫발을 내디딘 회사는 국내의 한 제약회사였다. 우연히 서점에서 《제약영업의 기술》이라는 책을 읽고 제약 영업에 관심이 생겼기 때문이다. 입사 후 나는 이른 새벽부터 출근을 준비하고 새벽 6시가 조금 넘으면 사무실에 도착했다. 도착하자마자 제품 브로슈어를 보면서 공부하고, 조회 시간에는 선배들 앞에서 공부한 제품을 발표했다. 그렇게 3개월이 지나자 조금씩 제품 정보가 눈에 들어오기 시작했다.

지금 생각하면 어떻게 그렇게 했는지 싶지만, 혹독하게 배우지 못했다면 지금의 나는 없었을 것이다. 그리고 당시 선배였던 정 팀장님이 안 계셨더라면, 버티기 힘들었을 것 같다. 회사에서 나를 지지해주는 사람은 꼭 필요하다. 정 팀장님은 나를 위로하고 격려하며 이끌어주었다. "태호야, 지금은 힘들어도 너처럼 열정적이고 부지런한 애들은 금방 잘되니까 걱정하지 마. 다 잘 될 거야. 시간이 해결해줄 테니까 지금처럼 하면 된다." 정 팀장님은 현재 한 제약회사의 지점장이 되었고, 지금까지도 연락하며 지내고 있다. 영업에 대해 하나도 몰랐던 나는 팀장님이 시키는 대로 열심히 공부하고 익혔다. 모든 것을 흡수하려고 노력했다. 그렇게 선배들의 영업 방식을 그대로 따라 하면서 차츰 나만의 방식을 만들기 시작했다.

당시 주력했던 영업 방식은 감성 영업이었다. 고객에게 마음과 정성을 다했다. 나만의 포트폴리오를 만들어 고객에게 전달하고, 고객이 출근하기도 전에 고객이 일하는 병원에 찾아가 직접 끓인 대추차를 건네며 나를 알렸다. 이 일을 6개월간 매일 반복했다. 그렇게 밤낮 가리지 않고 일한 결과, 입사 6개월 만에 매출 200%를 달성하게 되었고, 사장님과 전국의 영업 사원이 모이는 자리에서 성공 사례를 발표할 기회를 얻었다.

'나는 지금 왜 영업을 하는가?'라는 질문이 중요하다. 목표 없이 일하는 영업인들은, 이 질문에 "영업은 왜 하는지 보다 방법이 중요해. 고객에게 뭘 할 건데?"라고 되묻는다. 그러나 아무리 대단한 방법으로 영업하더라도, 내가 왜 영업을 하는지에 대한 근본적인 물음이 없으면 결과는 불 보듯 뻔하다. 영업에 대한 나름의 이유가 있어야 영업에 가치가 부여된다.

'무엇을, 어떻게' 할 것인가라는 질문보다, '나'는 '왜' 영업을
하는지를 알아야 가슴 뛰는 영업을 할 수 있다.

마케팅 대신
영업을 선택했다

    대학교 4학년 때, 기아 자동차와 유네스코한국위원회에서 주
최한 '기아 글로벌 워크 캠프'에 선발되어, 독일에서 열리는 캠프
에 참가한 적이 있다. 20명을 선발하는데 7,000여 명의 대학생들
이 신청할 정도로 인기가 뜨거웠던 프로그램이었다.

    최종 선발된 나를 포함한 20명의 대학생은 출국 전에 2박 3일
의 워크숍에 한 번 더 참가했고, 마지막 날 저녁에는 기아 자동
차 본사 마케팅 임직원분들과 함께 보내는 자리가 있었다. 나는
그곳에서 레크리에이션 사회를 맡았는데, 2시간가량을 지치지
않고 사회를 보는 나를 본 임직원 한 분이 나에게 마케팅팀 입사

당신의 인생에는
분명 '영업'이 있다

를 제안하셨다. 지금도 그렇지만, 당시에도 대기업의 본사 마케팅팀에 입사하기는 정말 어려웠다. 일단 입사 제안에 기뻤다. 그러나 고민 후 정중히 거절했다. 나에게는 꿈이 있었기 때문이다.

학교 후배들은 "선배, 그건 아니죠! 좋은 기회를 차 버리다니!"라며 핀잔했다. 하지만 나는 지금도 내 선택에 후회가 없다. 마케팅의 기본은 영업이기 때문이다. 최전선에서 고객을 경험하는 게 마케팅의 시작이다.

많은 초보 영업인이 하는 실수가 있다. 바로 고객에게 제품을 설명하는 것을 영업의 시작이라고 보는 것이다.

그러나 제발 고객의 말부터 듣자. 마케팅하지 말고, 영업을 하자. 초보 영업인이라면 명심해야 한다. 담당 지역의 고객을 만나러 가서 말하지 말고(마케팅하지 말고), 들어라(영업해라). 고객이 하는 모든 이야기가 추후 당신만의 영업 노하우가 된다는 걸 명심하자.

모든 신입 사원은 설렘 반 두려움 반으로 첫 출근을 한다. 그리고 시간이 흐를수록 선배들의 이야기를 듣고, 나의 이야기를 하면서 안정을 되찾아간다. 선후배 간에 신뢰도 생긴다. 영업도 마찬가지다. 처음 지역을 배정받아 고객을 만나러 가면 불안하기만 하다. 이런 상황에 제품 설명만 늘어놓는다면? 고객은 더는 당신을 만나려 하지 않을 것이다. 그러나 고객의 말을 잘 들어주고, 고객이 먼저 말을 하게끔 만들면 상황은 달라진다. 물론 첫술에 배부를 수 없듯이, 처음에는 아무 성과가 나지 않는다. 그러나 지치지 말고 반복하면 불안감은 사라지고 익숙해진다. 이때 천천히 자기 노출을 통해 제품을 설명하면 된다. 고객과 신뢰를 넘어 유대감이 형성되면 성과는 자연스럽게 따라온다. 영업은 무엇보다 고객과의 관계가 중요하다. 즉, 관계 형성의 첫 발걸음은 마케팅이 아닌 영업이다. 말하지 말고, 듣기부터 시작해야 한다.

영업의 전제 조건은 '관계'다. 관계가 좋아야 영업이 된다. 고객은 아무리 제품이 마음에 들어도, 영업 사원이 싫으면 사지 않는다. 제품만 좋으면 사줄 거라고 착각하지 마라. 고객에게 제품을 팔고 싶다면 우호적인 관계부터 형성해야 한다. 인간은 이성적 동물이 아닌 감성적 동물이다. 나는 이러한 진리를 13년간 이론이 아닌 경험으로, 머리가 아닌 몸으로 배웠다. 사회 첫발을 영업으로 내딛었기에 알 수 있는 것들이다. 초보 영업인에게 꼭 해주고 싶은 말이 있다. 우선 잘 선택했다. 영업이 주는 선물은 다음과 같다.

첫째, 기본 연봉 외에 일한 만큼 인센티브를 받을 수 있다. 보통 1년에 4번 정도 인센티브를 받는데, 한번 받을 때 기본급의 2~3배 정도를 더 받게 된다. 일하는 사람에게 금전적인 부분은 중요하다. 무슨 말이 더 필요한가?

둘째, 시간을 유용할 수 있다. 영업은 오로지 현장에서 성과가 난다. 책상에만 앉아 있으면 성과가 나지 않는 구조이다. 즉, 외부에서 시간을 자유롭게 사용할 수 있다는 말이다. 일반 사무직은 상상도 할 수 없는 일이다. 그만큼 시간 관리와 자기 계발을 할 수 있으며, 부수적으로는 여러 지역을 다니며 맛있는 것도 먹을 수 있고, 지역 문화와 특성을 배울 수도 있었다. 그래서 나는 영업이 참 좋다.

영업직은 항상 현장에서 고객의 소리를 듣는다. 그렇기에 고객의 피드백을 활용하면 내실 있는 비즈니스를 할 수 있으며, 고객의 피드백 사항을 마케팅 부서에 전달해 회사에 도움을 줄 수도 있다. 나는 실제로 그렇게 고객에게 배우고 영업에 활용한다. 게다가 고객의 이야기는 삶의 지혜를 깨우치게 한다. 어떨 때는 수업료를 내야 하는 게 아닌가 싶다. 이처럼 영업은 나에게 직업의 의미를 넘어서 나를 성장하고 발전하게 하는 원동력이다. 이 얼마나 기쁘고 행복한가.

다국적 제약회사인 M제약으로 이직한 후에는 3년 만에 전국 영업 일등을 했다. 그 덕분에 서울에 있는 본사 마케팅 부서에서 1년간 근무할 수 있었는데, 그곳에서는 주로 영업 프로그램을 기획하고 개발하는 일을 했다. 재미있었고, 당시의 나는 누구보다 자신감 있고, 좋은 결과를 만들어내는 직원이었다. 그러나 종일 비좁은 책상에만 앉아 있는 것 자체가 너무 힘들었다. 무엇이든 실제로 경험해봐야 아는 나에게는 맞지 않는 일이었다. 결국, 나는 마케팅보다는 영업으로 전국을 누비면서 고객을 만나고, 관계를 형성하며 일하는 게 맞다는 걸 깨달았다.

'아는 것이 힘이다'라는 말이 있다. 틀린 말이다. 아는 것을 실천하는 게 힘이다. 마케팅 부서에서의 경험을 통해 나는 영업의 중요성을 다시 한번 깨달았다.

영업인들의 착각이 하나 더 있다. 경험 없이 그냥 다 안다고 생각하는 것이다. '에이, 그거 나도 아는데… 안 돼. 그게 무슨 성과가 있겠어?'라는 식으로 말이다. 착각하지 마라. 다 안다고 생각하는 순간, 변화는 없다. 제일 무서운 게 수박의 겉만 핥는 것이다. 대충 아는 사람은 공부하지 않는다.

변화는 정확한 인지 후에 찾아온다. 마케팅 부서에서 근무할 기회를 발로 차 버렸다면 몰랐을 부분을 나는 경험을 해보았기에 알게 되었다. 또한 알고만 있고, 실천하지 않았다면 배우지 못했을 것이다.

지금도 나는 현장에서 고객을 만나 삶의 지혜와 방향성을 배우고 있다. 마케팅이 아닌 영업을 선택했기 때문이다. 살면서 우리는 수많은 선택의 갈림길에 서게 되고, 나는 그 갈림길에서 영업을 선택했다. 지금까지의 인생 중 가장 잘한 일이다.

영업으로
인생에 뛰어들다

어느새 나도 13년 차 영업인이 되었다. 현장에서 20년 이상의 베테랑 영업인을 만나는 일도 적지 않다. 그리고 베테랑의 선배 영업인들을 보면, 나이나 학력이 높은 성과를 보장해주는 것이 아님을 알 수 있다.

남들은 중고등학교 시절에 수능을 준비하면서 하는 공부를, 나는 지방의 한 전문대에 입학해서야 시작했다. 인과응보였을 것이다. 나는 학창 시절에 공부에 관심이 없었다. 고등학교 때 내 꿈은 댄스 가수였다. 그래서 학업은 뒷전이고 대전엑스포 전속 댄스팀으로 활동하며 매일 춤을 추었다. 나름대로 매니저와 팬클럽도 있고, 각종 경연대회에서 대상과 최우수상을 받은 적도 있는 어엿한 댄스팀이었다. 나와 친구들은 진짜로 가수가 되고 싶어서 서울에 있는 대형 기획사의 문을 두드리기도 했다. 매일 오디션을 봤다. 그러나 현실은 냉혹했다.

"춤은 괜찮은데 노래는 영 아닙니다."
"죄송합니다. 저희 회사와는 맞지 않습니다."
"혹시 백댄서로 활동해보실 생각은 없으신가요?"

온통 거절뿐이었다. 그러다가 어머니께 한 통의 연락을 받았다.

"무슨 일이세요?"
"오디션은 잘되고 있니?"
"아니요, 생각보다 힘드네요. 실력 좋은 사람이 너무 많아요."
"그래, 태호야. 엄마… 아빠와 이혼했다. 미안하다."
"네…."
"이제 집안의 가장은 너다."

지금은 두 분의 의견을 존중하고, 괜찮다. 하지만 당시의 나에게는 충격이었다. 최대한 마음을 추스르려고 했지만 쉽지 않았다. 나는 친구들에게 미안하다는 말을 남기고 혼자 대전으로 내려갔고, 그렇게 댄스 가수의 꿈을 접었다.

이후 나는 전문대에 입학해 학비 마련을 위해 두 가지 선택을 했다. 장학금과 아르바이트였다. 고등학교 3년간 한 번도 제대로 해본 적 없는 공부를 대학교에 입학해서야 매달렸고, 저녁에는 온갖 아르바이트를 했다. 정말 힘들고, 고됐다. 그럼에도 불구하고 나는 최대한 상황을 받아들이고, 극복하기 위해 노력했다.

이제 와서 생각해보면 그때의 어려움에 오히려 감사하다. 댄스 가수라는 꿈은 접었지만, 나는 10대부터 영업적 마인드를 갖게 되었다. 원하는 목표를 설정하고, 목표를 이루기 위한 계획을 세우고 실천하며, 어떻게든 마무리하기 위해 노력했다. 이러한 일련의 활동이 영업의 전 과정이다. 나는 이미 10대에 학업과 아르바이트를 병행하며 목표가 있다는 게 얼마나 중요한지, 목표를 달성하는 게 얼마나 힘든지 깨달았다. 그리고 가끔은 포기할 줄 알아야 하는 것도 알았다. 포기를 하게 된다면, 때를 정확히 판단하는 게 중요하다.

본격적으로 영업을 시작한 20대 초반, 나에게는 새로운 꿈이 생겼다. 강사가 되고 싶었다. 그리고 현장의 이야기를 한 권의 책으로 엮고 싶었다. 우연히 서점에서 만난 책 한 권을 통해 제약 영업으로 뛰어들었고 지금은 IT 기업 영업부 매니저로까지 성장했다. 나는 매번 목표를 세우고, 계획한다. 인생이 행복하고 즐겁다.

특히 제약회사 영업 사원으로 일하면서 최우수 영업 사원, 올해의 일등 영업 사원으로 뽑힌 것도 내게는 자부심 있는 일이다. 지금 IT 업계에서 9개월 만에 매출 1억 3천만 원을 달성한 것도 더 없이 감사하다.

성공하고 싶다면 영업을 배우면 된다. 물론, 세상에 공짜는 없다. 성과를 내려면 노력과 시간을 지불해야 한다. 더 큰 성과를 원하면 더 많은 노력과 시간을 지불해야 한다. 당신의 영업 현장에서 말이다.

그리고 중요한 건 노력보다 가치를 보는 일이다. 열심히 노력만 할 게 아니라, 전략적으로 가치 있는 영업 활동을 해야 한다는 의미이다. 영업 고수들은 이 비법을 일상화하는 사람들이다.

전문대를 졸업해 스펙도 없는 내가, 세계적인 제약회사에 입사해 영업 일등을 하고, IT 기업 영업부 매니저까지 될 수 있었던 이유는 영업의 기본과 정석을 따랐기 때문이다. 그랬기에 상위 1%의 영업인이 될 수 있었다. 그러니 당신도 할 수 있다. 두려운 마음에 무엇도 시도해보지 못했거나, 조금이라도 망설였다면 자신감을 갖고 당당히 앞으로 나아가라.

누구도 당신에게 목표를 만들어주지 않는다. 스스로 만들어낸 목표만이 당신을 최고의 영업인으로 성장시킬 것이다. 당신은 뛰어들기만 하면 된다. 영업으로 인생에 뛰어든 나처럼 말이다.

영업으로
성공하고 싶은가?

세상은 빠르게 연결되어 융합하고 있다. 사람과 사람, 사람과 기기, 기기와 기기 등이 연결되는 초연결사회로 진행 중이다. 스마트 카, 스마트 홈을 넘어 스마트 시티까지 만들어질 것이며, 곧 세상은 스마드 월드가 될 것이다.

영업도 마찬가지다. 제대로 된 결과물을 얻고 싶다면 첫 단추부터 잘 끼워야 한다. 그 첫 단추가 바로 '연결'이다. 하지만 안타깝게도 많은 영업인이 첫 단추를 잘못 끼운 채 시작한다. 첫 단추를 잘못 끼우면 힘은 힘대로 들고 시간은 시간대로 버리게 되며, 원하는 결과물을 얻지 못한다.

초보 영업인이라면 선배와의 연결이 첫 단추이다. 조직 안에서 선배에게 배우고 함께 일하며 성장하는 게 초보 영업인이 처음 할 일이다. 사람마다 차이가 있지만 보통 6개월이면 회사에 적응하고, 1년이면 업무에 투입될 수 있다.

중요한 건 그 이후이다. 여기서 더 배우고 성장할 기회를 만들어야 한다. 책을 읽든, 사람을 가까이하든 원하는 방법으로 꾸준히 나아가야 한다.

많은 영업인이 조직에 적응하고 나면 더 이상의 연결을 원하지 않는다. 불편하기 때문이다. 내 또래의, 나와 비슷한 생각을 하는 사람들과 이야기하고 시간을 보내는 걸 편안해한다. 그러나 고객의 입장으로 역지사지해보자.

담당자만 바뀌었을 뿐, 전과 다를 바 없는 영업 방식으로 나에게 다가오는 사람이 있다면 어떨까. 처음에는 익숙할지 모른다. 그러나 장기적으로 보면 변화 없는 관계일 뿐, 답답하고 고루하게 느껴질 것이다. 사실 고객의 입장에서 좋은 영업인이란, 다른 영업인보다 더 많은 혜택과 새로운 혜택을 주는 사람이다. 즉, 고객은 능력 있는 영업인을 원한다.

나는 고객과의 관계를 위해 끊임없이 노력 중이다. 지금도 고객과의 소통을 위해 골프를 배우고, 경영 대학원에 진학해 코칭과 리더십 등을 배우고 있다. 그리고 이렇게 배운 것은 반드시 영업 현장에 적용한다. 그렇게 나는 매출이 0인 곳에서 월 1억 이상의 매출을 올렸다.

　냉정하게 생각해보자. 사람은 모두 나에게 도움이 되는 사람과 친해지고 싶어 한다. 일반인도 이러한데, 이해관계가 가장 중요한 비즈니스 세계라면? 고객은 당연히 영업인을 만나더라도 조금 더 말이 통하는 사람, 편안하게 해주는 사람, 우호적인 관계에 있는 사람을 더 신뢰한다. 세상의 이치이다. 영업인은 언제나 고객과 동등한 위치에 있거나, 고객보다 높은 위치에서 선한 영향을 줄 수 있어야 한다.

　나에게는 영업을 더 잘하기 위한 배움 리스트가 있다. 바쁘다고 핑계대지 말자. 시간은 누구에게나 공평하며, 영업인은 모두가 바쁘다. 그리고 영업인보다 바쁜 사람이 고객이다. 정해진 시간을 효율적으로 사용하기 위한 시간 관리, 자기 관리를 할 줄 알아야 한다. 그리고 배웠으면 반드시 현장의 고객에게 적용해야 한다.

　'아는 것보다 실천이 중요하다'라는 말이 있다. 영업인들에게 물어보면 다들 아는 말이라고 한다. 너무 들어서 식상하다는 사람도 있다. 그러나 이렇게 말하는 영업인 중 실천하는 사람을 보지 못했다.

　다 안다고 착각하는 순간, 변화는 없다. 간혹, "내가 이 나이에⋯." 하며 체면 때문에 배우려 하지 않는 사람이 있다. 이들은 매일 비슷한 사람을 만나 술을 마시고, 서로 격려하며 의미 없는 날을 보낸다. 안타까운 일이다. 그리고 배움에 소극적인 영업인들은 "배울 수 있는 환경이 갖춰지면 그때 배워야지."라고 한다. 지금은 시간이 없고 바쁘다고 한다. 대체 그 환경은 누가 만들어주는 것이며, 누가 당신에게 시간을 줄 수 있는가? "지금 배워야지! 지금 시작하자."라고 말하는 사람이 더 빠르게 성과를 낼 수 있다. 배우기로 마음먹고, 행동하는 것이 전부다. 고객과 우호적인 관계를 이어나가기 위해서는 영업은 기본, 영업과 관련한 다양한 학문과 기술을 배우고 익혀나가야 한다.

　S제약에서 일할 때의 영업 전략은 감성 영업이었다. 고객의 마음을 터치한다는 게 모토였다. 그때 나는 담당 지역 내 소아청소년과를 거래처로 만들기 위해 레크리에이션 자격, 풍선 아트 자격을 활용했다. 그리고 M제약에서 일할 때는 데이터 분석과 발표 능력도 중요하다는 걸 깨닫고 엑셀과 프레젠테이션 수업을 들었다. 그리고 외국계 IT 기업에서 일하고 있는 지금은 코칭과 리더십 강의를 듣고 업무에 적용하고 있으며, 인센티브와 차량을

선물 받는 전무후무한 사례를 만들기도 했다.

한 사람의 성장은 주변인을 자극해 조직의 성장을 돕는다. 조직행동학에 따르면, 한 사람의 성장으로 인한 이익보다 조직이 함께 성장하며 이루는 이익이 더 크다고 한다. 이론만 배우면 아쉽지만, 나에게는 이론을 적용해볼 현장이 있으니 참 다행이다. 나에게 배움과 실천이란, 전략적으로 행동하고 빠르게 성과를 낼 수 있는 나만의 비결이다.

영업을 시작했기에 얻은 값진 경험과 배움은 나를 멋있는 사람으로 만들어주었다. 자신감이 생기고, 자존감이 높아졌다. 때로는 지치고 힘들어도 이러한 과정이 있었기에 성숙할 수 있었다고 생각한다. 매사 적극적으로 행동하니 안 되는 일이 없다.

영업으로 성공하고 싶은가? 그렇다면 영업과 연관된 다양한 분야를 배우고, 영업 현장과 고객에게 적용하라. 영업만으로는 절대 성공할 수 없다. 영업은 기본, 고객에게 도움을 줄 수 있어야 한다.

영업만 잘해도
절반은 성공한다

"권태호 작가님, 안녕하십니까? 저는 현재 제약 영업에 종사하는 9개월 차 영업인 최○○입니다. 다름이 아니라, 제약 영업에 몸담으면서 작가님의 책을 다섯 번가량 읽었습니다. 작가님께서 하신 다양한 영업 활동을 보며 존경심을 갖게 되었습니다. 그런데 어떻게 해야 하는지 감은 오지만, 이상하게도 읽으면 읽을수록 구체적으로 제가 무엇을 해야 할지 모르겠습니다. '최고에게 배운다'라는 책 속 글귀처럼, 작가님께 배우고 싶습니다. 회사에 좋은 선배도 많지만, 작가님께 노하우를 듣고 싶어 감히 메일을 씁니다. 작가님과 이야기를 나누고 싶습니다."

최근에 받은 메일 내용이다. 나의 첫 책 《거절에 대처하는 영업자의 대화법》을 읽고, 한 독자가 보낸 것이다. 지금도 독자들에게 많은 메일을 받지만, 이 메일은 정말 인상적이었다. 내 분신과도 같은 책을 다섯 번이나 읽고, 실제로 본인의 삶에 적용하고자 하는 그의 모습에 감동했다. 고마움에 바로 답장을 보냈다. "최○○ 님, 안녕하세요. 보내주신 내용 잘 확인했습니다. 먼저 제 책을 여러 번 정독해주셔서 진심으로 감사드립니다. 현재 제약 영업 9개월 차시군요. 시간 괜찮으시다면 내일 오후 3시 이후로 연락주세요. 감사합니다."

그리고 우리는 일주일 후에 만났다. 나는 그에게 식사를 대접하며 궁금해하는 부분을 상세하게 답변해주었다. 누구나 책을 읽고 감동할 수는 있지만, 실제로 마음을 표현하는 사람은 드물다. 나는 마음을 표현해준 그에게 마음이 움직였고, 그를 돕고 싶은 마음이 자연스럽게 생겼다. 이렇게 영업에는 정답이 없다. 상황에 맞게, 상대의 편에 서서 생각하고 실행하면 된다.

'어떻게 하면 영업을 잘할 수 있을까?' 영업을 시작한 20대부터 지금까지 한 번도 놓지 않는 질문이다. 대학교 때 내 좌우명은 '자신을 개혁하고 미래에 도전하여 새로운 가치를 만들자'였다. 지금도 이 생각에는 변함이 없다. 그래서 보건데, 영업 고수는

'물'을 닮았다고 정의하고 싶다. 무슨 말일까?

첫째, 그들은 물처럼 고정된 모습이 없다. 물은 형태가 없어 지형에 따라 모습을 변화시킨다. 영업 고수는 이러한 물처럼 자기 모습을 규정하지 않고, 끊임없이 배우며 유연하게 사고한다.

둘째, 그들은 물처럼 위에서 아래로 흐른다. 영업 고수는 절대 자만하지 않는다. 항상 겸손하고 감사한 마음으로 영업 현장을 누비며 사람들에게 신망을 잃지 않는다.

셋째, 그들은 물처럼 여유가 있다. 물은 바위를 만나면 거스르기보다 돌아서 간다. 영업인에게도 반드시 난관은 온다. 그러나 영업 고수는 어려울 때일수록 여유를 잃지 않는다.

영업은 사람을 만나는 게 일이다. 협력사 직원을 비롯해 각양각색의 고객들, 그리고 스쳐지나는 사람들까지 셀 수조차 없다. 그러다 보니 인상만 보아도 성향이나 성격까지 파악되는 경우가 있는데, 그중 나는 '아는 척, 잘난 척, 있는 척' 소위 3척이라는 것을 하는 사람을 멀리하는 편이다. 이런 사람을 만나면 들어주기만 하고 말을 아낀다.

반면에 나의 이야기부터 들으려 하는 겸손한 사람도 있다. 나에게 공감해주고, 나와 소통하려는 모습을 보면 나도 덩달아 겸

손해진다. 바로 영업 고수의 모습이다. 진실한 마음을 고객에게 전달하기 위해서는 눈에 보이지 않는 부분을 보여주어야 한다. 말투, 자세, 표정뿐 아니라 고객을 이해하고 소통하고자 하는 태도까지 말이다.

최근에 김창옥 교수의 강연을 듣다가 '오지 사막 레이서'에 대한 이야기를 들었다. 오지 사막 레이서란, 말 그대로 전 세계 오지의 사막만 찾아다니며 달리는 사람이다. 이들은 때때로 달리다가 목숨을 잃기도 한다. 바로 탈수 때문이다. 게다가 물이 든 물병을 허리에 찬 채로 말이다. 왜일까?

사막은 워낙 건조해 사람의 몸에서 땀이 나면 바로 말라 버린다. 그래서 달리다가 수분이 빠져나가는 것조차 느끼지 못하고 탈수로 쓰러지는 것이다. 주변에 누군가 있다면 도움을 받을 수 있겠지만, 오지 사막에서 누가 도울 수 있겠는가. 그래서 죽지 않으려면, 목이 마르지 않아도 물을 마셔야 한다. 아마추어는 목이 마를 때 물을 마시지만, 프로는 일정한 시간에 마신다. 몸의 상태를 자각해 물을 마시는 게 아니라, 계획적으로 물을 마신다는 뜻이다.

이 이야기를 듣고 나는 영업 현장을 떠올렸다. 영업도 마찬가지다. 영업 현장에서 고객과의 소통에 문제가 있음을 자각한 뒤에 문제를 해결하려 한다면 이미 늦었다. 미리 공부하고, 연습하고, 노력했어야 한다.

영업은 거짓말하지 않는다. 나는 학창 시절에 우유 급식을 하지 못할 정도로 가난했다. 그래서 고등학교 졸업 후 바로 취업을 하려고 했으나, 감사하게도 어머니께서 등록금을 내주어 전문대에 입학할 수 있었다. 그 뒤로는 계속 등록금을 내기 위해 악착같이 공부하고 아르바이트를 했다. 가난이 싫어서 하루빨리 상황을 벗어나고자 노력했다. 그리고 지금은 상위 1%의 성공한 영업인이 되었다.

당신이 현재 영업인이라면 박수를 보내고 싶다. 앞으로도 쉽지 않을 것이다. 그러나 인생이 쉬우면 무슨 의미가 있는가? 영업을 한다는 건 축복이다. 어떻게 하면 잘할 수 있을지 함께 고민하자.

취업에 목매기보다
영업부터 시작하라

제약회사에 있을 때, 한 대학 선배에게 연락이 왔다. "태호야, 잘 지내니? 차 한잔하자." 그렇게 선배는 내가 있는 곳으로 왔다. "오랜만이에요. 잘 지내시죠? 요즘 어떻게 지내세요?" 선배에게 안부를 묻자, 선배는 최근에 사업을 시작했다며 잘살고 있다고 했다. 사업이 잘되어서 1년에 몇 번씩 해외여행을 다닌다며 사진을 보여주기까지 했다. 그러고는 곧 장황하게 사업을 설명하며, 동업을 제안했다.

"태호야, 나랑 같이하자. 너는 영업 잘하니까 금방 할 수 있을 거야. 투잡으로도 할 수 있으니 이만한 사업이 없어." 선배가 말한 사업은 다단계 여행 사업이었다.

사실 나는 다단계를 나쁘게 보지 않는다. 영업을 잘하면 돈을 벌 수도 있다. 다만, 나는 선배가 조금 더 젊었을 때 시작하면 좋았을 거라는 생각을 했다. 그리고 선배의 낯빛은 그리 좋아 보이지 않았다. 행복해 보이지 않았다. 나중에 알고 보니 선배는 일반 사무직으로 일하다가, 적성에 안 맞아서 뒤늦게 영업직으로 발을 내디딘 케이스였다. 사실 영업직을 선택하는 수많은 케이스 중 하나다. 회사에 입사해 사무직으로 일하다가 힘이 들면 비교적 진입 문턱이 낮은 영업직에 도전해보는 것이다. 그러나 늦게 시작하면, 그만큼 힘들다. 타인의 시선도 신경 쓰이고 주눅이 든다. 나이 먹고 시작하는 영업의 현실적 모습이다.

그러나 한 살이라도 젊을 때 시작하는 영업은 다르다. 인생의 축소판인 영업 현장에서 배울 거리는 차고 넘치며, 사람을 만나며 지혜를 얻을 수 있다.

대학에 특강을 나가면 영업에 대해 질문하는 학생이 꽤 있다. 그러면 나는 망설이지 말고 일단 시작하라고 조언한다. 나무를 심기 위해서는 일단 땅부터 파야지, 숲을 생각하면 안 된다. 땅을 파야 나무를 심고 숲을 만들 수 있다. 취업 준비생이라면 일단 땅을 파는 심정으로 영업을 시작해보라고 말하고 싶다. 포기하지만 않으면 원하는 방향으로 나아갈 수 있을 것이다. 비를 맞고, 따사로운 햇볕을 쬐고, 바람을 이겨내고 나면 나무는 자연스럽게 자라고 숲을 이룬다. 소중하게 가꾼다면 울창한 숲이 될지도 모를 일이다.

대학교 졸업 전에 한 기업교육 회사에서 인턴 생활을 했다. 구체적으로는 기업교육 제안 영업을 했다. 그때의 경험을 통해 나는 강사라는 꿈을 꾸게 되었고, 정식으로 제약회사에 입사했다. 매일 출근은 기본, 제일 일찍 출근해서 사무실을 청소하고 난로에 기름을 넣었다. 그리고 브로슈어를 보며 제품을 공부했다. 아침마다 제품을 발표하는 일은 너무 힘들었다. 제품 정보를 틀리거나, 우물쭈물하면 선배들에게 혼나기 일쑤였다. 고객을 상대하는 것보다 선배를 상대하는 일이 더 힘들 정도였다. 하지만 삶을 배우는 과정이라고 생각했다. 한 살이라도 젊을 때 시작하는 영업이 좋은 이유다. 그렇다면 취업보다 영업이 좋은 이유는 무엇일까?

첫째, 인생을 배울 수 있다. 영업은 사람을 상대하는 직업이다. 직장 동료와 선후배, 우리 제품을 사용하고 있는 고객, 미팅을 하는 협력사 직원 등 정말 많은 사람을 만난다. 나는 사람은 사람에게 배운다고 생각한다. 결국 학원에 등록해 배워야 할 것을, 돈을 받으며 실전에서 배우는 게 아닌가 싶다. 인생을 배우기에 이만큼 좋은 직업이 어디 있을까.

둘째, 영업은 성공의 길을 알려주는 나침반이다. 큰아들이 다니는 초등학교 복도에서 '실패란 성공의 길을 알려주는 나침반이다'라는 글귀를 본 적이 있다. 나는 복도에 잠시 멈춰서 그 글귀를 되뇌며 영업을 생각했다. 생계유지만을 위해 영업을 하는 영업인은 절대 알 수 없는 말일 것이다. 영업을 통해 크고 작은 목표를 이루어 나가며 오늘보다 더 나은 내일을 꿈꾸는 영업인만이 공감할 내용이다.

셋째, 나를 알 수 있다. 영업을 하면 나의 강점과 단점을 여실히 알 수 있다. 강점은 나를 더 단단하게 만들며, 단점은 인지하는 것 자체만으로도 성장의 계기가 된다. 나는 강사라는 콘텐츠로 영업을 했고, 이 콘텐츠는 나를 성장시켰다. 나의 강점과 단점을 알 수 있었던 건 바로 영업을 했기 때문이다.

처음 영업직에 발디뎠을 때의 불안감을 잊지 못한다. '내가 과연 잘할 수 있을까? 지금이라도 다른 일 알아볼까?' 내내 생각했다. 그러나 시간이 흐를수록 내 선택이 탁월했음을 확신했다. 필요에 의해 프레젠테이션과 엑셀 같은 기술을 익혔고, 지금은 경영 대학원에 진학해 고객과 소통하기 위한 학문을 부지런히 배우고 있다.

그리고 영업을 통해, 영업은 제품을 파는 게 아니라, 고객이 내 제품을 선택하게끔 하는 것임을 깨달았다. 이것을 깨닫고 나니, 영업인이라는 자부심이 느껴지며 자신감이 넘쳤다.

통계청에 따르면 20대 청년 실업률은 매년 증가하는 추세라고 한다. 매년 실업률 최고치 기록을 갈아 치우고 있기까지 하다. 그러나 남들 보기 좋은 직장, 모두가 선호하는 직장에 들어가기 위해 목숨 걸지 않았으면 한다. 정말 당신에 대해 정확하게 알고 싶고, 성공하고 싶다면 영업부터 시작하라. 진정한 영업인이 되면 시간과 경제적 자유를 얻게 될 것이다.

늦었다고 망설이지 말고
지금 시작하라

서울 장충체육관에서 '내 삶의 주인공은 나 LIFE is YOURS'라는 주제의 〈MBN Y포럼 2020〉이 열렸다. 이 포럼에 참가한 연사들 중 유독 나의 눈길을 사로잡는 분이 계셨다. 바로 한국 바이오 신화 창조자인 서정진 셀트리온 회장이었다. 다음은 그의 이야기 중 일부이다.

"금 수저, 흙 수저 등의 관념의 허구에서 벗어나세요. 자신감을 가지세요. 인생은 여러분의 것입니다. 대한민국의 청년들은 과거의 세대보다 뛰어나고 가능성이 많습니다. 청년들이 잠재력을 발휘하기 위해서는 관념의 허구에서 벗어나 자신을 믿고 추진하여야 합니다. (…중략…) 눈뭉치를 만드세요. 그리고 눈뭉치를 굴리세요. 그러면 눈사람이 됩니다. 처음부터 눈사람을 만들려고 하면 안 됩니다."

정말 멋진 말이다. 현장을 누비는 영업인 모두 자기 인생의 주인공이라는 사실을 잊어서는 안 된다. 당신은 영업을 통해 이루고 싶은 뚜렷한 목표가 있는가? 혹시 당장 급한 일들만 처리하느라 정작 중요한 자신을 놓치고 있지는 않은가? 혹시 영업으로 성공할 수 있는지 의심으로 가득한 시간을 보내고 있다면 당장 정확하고 뚜렷한 목표를 세워라. 목표와 자기 확신이 없으면 앞으로 나아갈 수 없다. 가끔 목표에 대해 물으면 "이 나이에 무슨. 목표 같은 거 없어요. 그냥 하는 거죠, 뭐."라고 대답하는 사람이 있다. 무책임한 답변이다. 연간, 월간, 주간별로 디테일하고 뚜렷한 목표가 있어야 한다. 그리고 목표를 설정했다면, 목표를 달성할 수 있는 방법을 찾아서 앞만 보고 달려야 한다. "할 수 있다! 해보자!"라는 긍정적인 말을 한다면 금상첨화이다.

나는 지금도 꿈이 많다. 그중 하나는 지금 사는 세종 인근에 2층짜리 목조 별장을 짓는 것이다. 그곳에서 세 아이와 휴식과 낭만을 즐기고 싶다. 직장인이라면 누구나 꿈꾸는 일일까? 나는 목표를 세우면 즉시 실행에 옮기는 타입이다. 실행을 해봐야 현실 가능성이 있는지를 알 수 있기 때문이다. 그래서 나는 정말로 세종에서 멀지 않은 곳에 200여 평의 땅을 샀다. 햇볕도 잘 들고, 숲과 나무가 어우러져 목조 별장을 짓기 딱 알맞은 장소이다. 언제 별장을 완성할 수 있을지는 모르겠다. 그래도 서정진 회장님의 말씀처럼, 나는 눈사람을 만들기 위해 일단 장갑을 끼고 밖으로 나왔다. 앞으로 작은 눈뭉치를 만들어 계속 굴릴 생각이다. 성경의 욥기 8장 7절에는 "네 시작은 미약하였으나 네 나중은 심히 창대하리라."라고 되어 있다. 처음에는 보잘것없지만 나중에는 원하는 바를 이룬 자신을 발견할 것이다. 생각만 해도 가슴이 벅차오른다.

대학 시절 학비를 마련하기 위해, 아르바이트도 하고 YMCA에서 봉사활동도 했지만 턱없이 부족했다. 그래서 방법을 생각해 보니, 장학금밖에 답이 없었다. 그래서 쉽지는 않겠지만 할 수 있다는 믿음으로 장학금을 받기 위한 방법을 하나씩 실행에 옮겼다. 일단 수업을 잘 듣기 위해 늘 맨 앞자리에 앉았다. 모르는 게 있으면 선배들을 찾아가 묻고, 성적을 철저히 관리했다. 그 결과 전액은 아니지만, 반액 정도의 장학금을 받을 수 있었다. 아르바이트해서 번 돈과 합하니 학비를 댈 만큼은 되었다. 그렇게 졸업을 하고, 학업을 더 이어갈 수 있겠다고 판단해 4년제 대학교에 편입했다. 그리고 지금은 국민대학교 경영 대학원에 진학해 곧 졸업을 앞두고 있다. 이렇게 나는 목표에 도달하기 위해 꼼꼼히 계획해 움직였다. 과정이 힘들 때면 목표를 다 이루었을 때를 상상했다. 그것만으로도 큰 힘이 된다.

처음 입사한 제약회사 영업부에서는 목표와 지역이 배정되는 방식이었다. 당시 관행상 신입 사원은 매출이 잘 나오지 않는 지역을 배정받았는데, 나 또한 그랬다. 매출 꼴등 지역을 배정받은 것이다. 그러나 나는 6개월 내에 내가 맡은 지역을 상위 10% 안으로 끌어올리고 싶었다. 그래서 밤낮없이 일에만 매달렸다. 그때 나를 시기하던 한 선배가 물었다. "태호야, 넌 왜 그렇게 열심히 하니?" 담당 지역을 10% 안으로 올리고 싶다는 말에 선배는 불가능하다고 했다. 시골 지역이라 매출이 나오기 힘들다는 이유였다. 하지만 내가 분석한 바로는 그렇지 않았다. 지역 내에 위치한 병원이 우리 제품을 쓰지 않을 뿐, 경쟁사의 제품은 쓰고 있었기 때문이다. 나는 할 수 있다는 믿음으로, 전임자에게 받은 거래처 리스트 외의 병원 리스트를 따로 작성했다. 그리고 각 병원의 주요 행사와 이벤트를 확인하고, 병원의 행정 실무자에게 어떤 도움을 줄 수 있을지를 고민하기 시작했다.

"제약회사 사람들은 다 자기 제품 설명하기 바쁜데, 권태호 씨는 남들 도울 생각만 하니 다른 사람과는 좀 다른 것 같네요." 영업하면서 가장 많이 들은 말이다. 보통의 영업인들은 고객에게 어떻게 우리 제품을 알릴까를 고민하지만, 나는 병원 관계자의 마음부터 열려고 노력했다. 제품 소개는 그 다음의 일이라고 생각했다.

나는 '절대로 10% 안에 들 수 없을 것'이라고 말한 선배에게 나를 증명하고 싶었다. 그래서 병원에서 체육대회가 있다는 소식을 듣고는 즉시 사회를 보겠다고 나섰다. 그리고는 '오늘 하루도 건강하시고, 더 행복한 하루 보내세요. S제약 권태호 담당자가 함께하겠습니다.'라는 문구를 적은 간식 꾸러미를 만들어 돌렸다. 원장과 전 직원에게 나를 소개한 것이다. 체육대회가 끝나자 나는 자연스럽게 병원 원장과 직원들 앞에서 우리 제품을 프레젠테이션할 수 있게 되었다. 결과는 대박이었다. 내가 맡은 지역은 4개월 만에 매출 10위권 지역으로 올라섰다.

선배를 존중하되 다 믿지 마라. 당신이 할 수 있다는 믿음으로 나아가면 그만이다. 그리고 성과를 보여주길 바란다. 꿈은 미래에 있지 않고 현재에 있다.

"

———————————————

영업의 정석은
따로 있다

———————————————

"

그들은 왜
영업부터 시작할까

13년째 영업을 하고 있다. 영업을 하며 늘 '영업의 본질'에 대해 고민한다. 영업은 무엇일까? 영업은 고객이 구매를 결정하도록 돕는 행위를 말한다. 고객이 YES 하도록 만드는 것이다. 그러기 위해서 영업인은 고객이 궁금해하는 정보를 정확히 전달할 수 있어야 한다.

사내에도 영업이 존재한다. 사내 영업 또한 영업의 본질을 벗어나지 않는다. 사내 영업을 조금 더 정확히 말하자면, 내가 원하는 방향으로 상사의 OK 결정을 유도하는 행위일 것이다. 그러므로 상사에게 내 의견을 전달하기 위한 안건을 낼 수 있어야 하며,

우호적인 관계를 맺어야 함은 당연하다. 그리고 상사가 원하는 정보를 신속하고 정확하게 전달할 수 있어야 한다.

　　그렇다면 사람이 영업을 시작하는 계기는 무엇일까? 보통은 '어쩌다 보니' 또는 '마땅히 할 게 없어서'이다. 물론 내가 영업을 선택한 이유는 둘 다 아니다. 강사가 되고 싶다는 확고한 의지 때문에 선택한 직업이었다. 강사가 되려면 현장에 대한 이해와 경험이 필수라는 선배의 조언이 결정적인 계기가 되었다. 그리고 지금도 그 선배의 한마디는 내 뇌리에 강렬하게 박혀있다.

　　취업을 준비하면서 지금의 아내를 만났다. 취업을 위해 기도하러 가자는 어머니를 따라 교회에 갔다가, 청년부 소속이던 아내를 본 순간 첫눈에 반해 버렸다. 속마음을 들킬까 봐 조심스럽게 예배를 드리고 기도했던 기억이 있다. 나는 진심으로 아내를 만나보고 싶었다. 그래서 어떻게 하면 만날 수 있을지 고민하다가 일단 연락처를 받아야겠다는 결론을 내렸다. 부목사님께 물어 연락처를 받고, 무작정 전화했다.

"안녕하세요, 목양교회 권태호 청년입니다."
"어. 네, 안녕하세요."
"혹시 이번 주 토요일 잠깐 시간 되세요?"

"네? 무슨 일이세요?"

"제가 성경을 공부하고 있는데 궁금한 게 있어서요."

"네. 그럼 교회에서 11시에 뵙겠습니다."

물론 성경 공부는 핑계였다. 어떻게든 연결고리를 만들고 싶었다. 그렇게 만나 첫 데이트를 하고 결국 결혼까지 성공했다. 목표가 있으면, 어떻게 목표를 달성할 수 있을지 생각하고, 실행해야 한다. 참 간단한 이치다. '그녀가 나를 만나줄까? 안 만나주면 어떡하지?' 이런 고민은 할 필요가 없다. 일어난 일이 아니기 때문이다.

누구에게나 선택의 시기가 있다. 그리고 무엇을 선택을 하느냐가 인생을 좌우한다. 나는 아내에게 그랬듯이, 고객의 마음을 사로잡는 것을 넘어서 감동을 주기 위해 늘 고민한다. '무엇을 해야 고객에게 도움이 되는 담당자가 될 수 있을까?' 하고 말이다. 영업 현장에 있다 보면 분야는 달라도 뛰어난 영업인이나, 영업으로 꿈을 이룬 사람을 만날 때가 있다. 그들에게는 공통점이 있는데, 바로 자신의 강점을 정확히 알고, 그 강점을 고객을 돕는데에 쓴다는 것이다.

병원도 서비스업이다. 그래서 나는 병원 관계자 또는 환자와 보호자의 마음을 사로잡기 위해 많은 노력을 했다. 사실 병원은 제약회사 영업인들의 일터이자 치열한 전쟁터이다. 타 회사 영업인들과 같은 방식으로 영업하면 승산이 없다. 그래서 나는 M제약에 있을 당시, 병원에 조금 더 특별한 서비스를 제공하기 위해 임직원 대상 CS$^{customer service}$ 교육 프로그램을 기획했다. 이는 결과적으로 대표원장의 마음을 움직였고, 직원들에게 실질적인 도움을 주었으며, 우리 제품을 홍보할 수 있는 계기가 되었다. 프레젠테이션을 통해 경쟁사 제품보다 어떤 점이 좋은지를 어필하고, 고객의 질문에도 성실히 답했다. 그렇게 CS 강의를 정기적으로 하게 되면서 영업적으로도 대성공을 거두었다. 게다가 내가 꿈꾸는 강사의 길에 한 발짝 다가설 수 있어 개인적으로도 좋은 경험이었다. 그러던 어느 날, 팀장이 나를 불렀다.

"태호야, 너 병원에서 직원들 대상으로 하는 CS 강의 자료를 팀원들에게도 공유하면 어떨까?"
"네! 좋습니다."

성과에 도움이 되는 영업 자료와 정보는 공유하자. 그래야 팀원과 함께 성장할 수 있으며, 주변의 평가를 통해 부족한 점도 보완할 수 있다. 내 것을 내려놓아야 얻는 게 있다.

'10년 전 영업을 선택하지 않았더라면 난 무엇을 하고 있을까?' 가끔 생각해보지만, 도무지 떠오르지 않는다. 아무리 생각해도 나에게 영업은 천직이다. 사람을 상대하다 보니 처세술, 커뮤니케이션 능력을 익혀야 함은 기본이고 영업력, 설득의 기술, 협상의 기술을 익혀야 했다. 그래서 이에 관련한 책이나 세미나, 값비싼 강좌 모두 마다하지 않고 찾아다녔다. 이렇게 나에게 투자함으로써 최고의 나로 성장할 수 있었다.

영업은 누구나 선택할 수 있다. 그러나 아무나 영업으로 성공할 수는 없다. 중간에 포기하는 영업인은 아주 많다. 즉, 선택은 쉬워도 성공하기 어려운 게 영업이다.

영업은 눈앞에 보이는 단순한 스킬만으로는 절대 성공할 수 없다. 스스로 성과를 만들고, 결과를 책임져야 한다. 지금 현업에 있는 영업인이라면, 그리고 이제 막 영업의 길로 들어선 초보 영업인이라면 자신에게 질문해보길 바란다.

"나는 왜 영업을 하고 있는가?"
"나는 왜 영업을 시작하려고 하는가?"

성공한 사람에게는
공통점이 있다

결혼기념일이 얼마 남지 않아 아내에게 물었다.

"뭐 갖고 싶은 거 있어?"

"나 명품 가방."

"명품 가방, 알았어. 이번 주말에 백화점 가자!"

백화점에 도착한 아내는 G사와 L사의 가방을 두고 고민했다. 그래서 나는 아내에게 두 매장에 다 들러서 직접 보고 결정하자고 했다. 그러나 막상 가니 진열된 제품은 눈에 들어오지 않는지,

아내는 P사의 매장으로 발길을 돌렸고, 그곳에서 구매를 결정했다. 왜일까? 나와 아내가 G사 매장에 들어섰을 때였다.

"안녕하세요. 찾는 제품 있으세요?"

"아내 가방 좀 보려고요."

"네, 여성용 가방은 이쪽에 있습니다."

"감사합니다."

직원은 상냥하고 부드러운 말투로 우리를 안내했다. 하지만 아내의 마음에 드는 가방은 찾을 수 없었다. L사 매장도 마찬가지였다. 그러나 P사 매장은 조금 달랐다.

"안녕하세요. 찾는 제품 있으세요?"

"아내 가방 좀 보려고요."

"네, 이쪽으로 오세요. 어떤 스타일 찾으세요?"

"크기는 작고, 무난하면서도 포인트가 있는….."

"주로 언제 착용하려고 하시는지 여쭤도 될까요?"

"데일리로도 좋고, 결혼식 같은 특별한 날에도 들고 싶어요."

"그럼 이런 디자인은 어떠세요?"

"네, 보여주세요."

사실 P사의 가방도 한눈에 마음에 든 건 아니었다. 그러나 직원의 세심한 설명을 들으며 착용해보니, 고급스럽고 실용성도 있어 보였다.

사실 G사와 L사의 직원도 우리에게 친절하고 상냥했다. 그러나 그게 다였다. 물론, 고객에 대한 서비스는 친절함 정도로도 충분할 수 있다. 구경만 하고 나가는 손님이 얼마나 많겠는가.

그러나 P사의 직원은 고객인 우리에게 초점을 맞추고, 어떤 용도로 사용할 건지 묻고, 가방의 구조와 관리법까지 꼼꼼하게 설명해주었다. 판매하고자 하는 제품을 고객에게 연결해준 것이다. P사의 직원도 하루에 수많은 고객을 상대하느라 지쳤을지 모른다. 그러나 끝까지 웃으며 버틸 수 있는 힘은 분명한 목표가 있기 때문일 것이다.

이렇게 현장에서 뛰는 영업인의 삶은 고되다. 나를 지탱해주는 목표가 반드시 있어야 할 이유이다. 영업인은 단순히 상품이나 서비스를 판매하는 게 아니라, 영업을 통해 더 멋진 인생을 만들 수 있는 발판을 마련할 수 있어야 한다.

누구나 새해가 되면 목표를 세우며 심기일전한다. 그리고 대부분은 작심삼일로 끝난다. 그러나 영업인은 새해의 다짐뿐 아니라, 인생 전체의 목표 그리고 연간, 월간 주간, 일일 목표를 반드시 세워야 한다. 목표가 있는 영업인과 목표가 없는 영업인의 차이는 하늘과 땅만큼이다. 시작은 같을지 몰라도 시간이 지나면 격차는 벌어지게 되어 있다. 회사에서 정해주는 목표는 당신의 목표가 아니라 회사의 목표다. 회사의 목표를 당신의 목표로 착각하지 말자. 회사는 보통 정성적인 목표가 아니라, 정량적인 목표를 할당한다. 숫자로 표현하며, 측정이 가능하다.

M제약 영업부에서 근무할 때, 입사 후 1년간은 아무런 목표 없이 회사에 적응하기 바빴다. 그러나 업무에 적응한 이후로는 정확한 타깃팅과 분명한 목표 의식을 갖고 일했다. 회사가 정해주는 목표가 아니라 전국 일등을 해보자는 나만의 목표를 만든 것이다. 일등을 해서 약 2,500~3,000만 원의 상여금을 받고 싶었다.

'전국 일등을 해보자. 영업 일등을 해보자.'

회사는 전국 단위로 부서별, 팀별, 지역별 그리고 담당자별로 구분해 가장 합리적이고 투명한 방법으로 세운 목표를 할당한다. 하지만 그건 그거고, 나는 더 상위의 목표를 세웠다. 회사에서 준 목표도 아니고, 팀장이 준 목표도 아니다. 내가 나에게 부여한 목표였다.

목표를 세운 뒤에는, '어떻게' 해야 목표를 달성할 수 있을지 생각해야 한다. 그래야 아이디어가 샘솟고 사고가 확장된다. 마지막은 실행이다. 실행이 잘되면 팀원들과 공유하고, 부서 전체와 공유해야 한다. 그래야 발전한다. 그리고 실행이 잘 안 되거나, 결과가 좋지 않았다면 수정해서 다시 도전하면 된다. 성과를 내기 위한 모든 비용은 회사가 지불하니, 이 얼마나 기쁘고 감사한 일인가. 우리는 그냥 목표를 세우고, 실행하며 발전하면 되는 것이다. 과정이 힘들고 어렵다고 불평하지 말고.

영업인으로서의 당신의 목표는 무엇인가? 혹시 생계유지만을 위해 영업하고 있지는 않은가? 후회 없는 삶을 살고 싶다면, 영업인으로서의 초심으로 돌아가고 싶다면, 지금부터라도 목표를 세워라. 뚜렷하고 분명한 목표는 당신을 더 높은 곳으로 데려다줄 것이다.

몸값을 올리는
영업의 비밀

　나의 첫 책이자 베스트셀러가 된 《거절에 대처하는 영업자의 대화법》을 출간한 후 여러 곳에서 강의를 요청받았다. 주로 대기업의 통신상품, 생활용품, 화장품, 의료기기, 제약회사의 대리점 점주, 판매 사원과 영업 사원이 대상이었다.

　책을 내고 나는 비로소 꿈에 그리던 강사가 되었다. 다국적 제약회사인 M제약에서 적지 않은 연봉과 복지를 누리던 때였지만, 그토록 원하는 강사의 꿈을 이루기 위해, 나는 사표를 던졌다. 원래 강사로 갓 데뷔하면, 불러주는 데도 없고 모든 걸 혼자 해야 해서 힘든 시기를 보내는 게 현실이다. 그러나 나는 다행히 사표를 내기 전부터 기업에서 강의 요청이 있었다. 강사로 데뷔해 전국을 누비며 건수로 돈을 받다 보니 월수입이 천만 원을 넘기는 달도 많았다.

영업 교육이라고 해도 다양한 분야의 영업인을 상대해야 하므로, 맞춤형으로 진행해야 한다. 그래서 직접 경험해보지 않은 분야의 강의를 할 때는 사전 조사를 철저히 했다.

컴퓨터를 판매하는 대리점 점주를 대상으로 하는 강의를 하게 된 때였다. 나는 컴퓨터를 판매해본 경험이 없다. 그래서 실적이 좋은 점주 세 분과 미팅을 하며 현장의 이야기를 많이 들었다. 이런 식으로 다양한 분야의 영업 고수를 만나다 보니, 그들의 몸값이 높은 이유를 알게 되었다.

첫째, 그들은 매사 감사할 줄 안다. 얼마 전 19년 만에 최고의 청년 실업률을 찍었다는 기사를 보았다. 20대 청년들이 취업 시장에 진입조차 하지 못하는 것이다. 그만큼 힘들고 어려운 상황이다. 그러나 영업 현장에서 고객을 상대하는 일도, 내 눈에 맞는 직장을 구하기만큼 힘들다. 그럼에도 불구하고 나는 영업을 할 수 있다는 자체가 감사하다. 마음과 태도가 중요하다.

둘째, 그들은 긍정적인 언어 습관이 있다. 나도 아침마다 거울을 보며 외친다. "권태호! 오늘도 좋은 일이 가득할 것 같다. 느낌이 좋다! 파이팅하자." 이렇게 외치고 나면 정말로 자신감이 생기며 기분이 좋아진다. 큰아들도 내 모습을 보고 따라 외친다. "권우주! 할 수 있다!" 긍정적인 말은 결국 가정에도 직장에도 좋은 기운을 불러일으킨다.

셋째, 그들은 장점을 극대화할 줄 안다. 세상에는 완벽해지기 위해 노력하는 사람은 있어도 완벽한 사람은 없다. 그래서 나는 가능하면 사람이든 일이든 장점에 집중하는 편이다. 예를 들어, 나는 지방의 전문대를 다녔더라도, 내 학교를 최고라 여기고, 내 교수를 최고의 교수라 생각했다. 무엇이든 마음먹기에 달렸다. 영업을 잘하고 싶다면 명심하길 바란다.

나는 이런 태도와 마인드를 배우기 위해 오랜 시간과 비용을 투자했다. 관련 서적을 읽고, 독후감을 썼으며, 다양한 사람을 만나 인터뷰하고, 유명인의 강의와 세미나에 참여했다. 그리고 내 것으로 만들기 위해 한 번 더 시간을 가졌다. 중요한 건 바로 이 부분이다.

'내 것으로 만들고 적용하는 것'

배움으로 끝내지 말고 영업 현장에 적용해보길 바란다. 나는 크게 두 가지 방법을 썼다. 첫 번째 방법은 깨달은 부분이나 인상 깊은 부분을 프레젠테이션 자료로 만들었다. 그리고 누군가에게 발표한다는 마음으로 수정하고 보완해서 내 언어로 다시 만들었다. 두 번째 방법은 배운 즉시 고객에게 적용했다. 하루에 100만 원이 훌쩍 넘는 마케팅 과정을 이수한 적이 있다. 나는 이수와 동시에 그날 밤 바로 고객에게 전달할 포트폴리오를 제작했다. 크든 작든 계속 이렇게 현장에 적용하며 수정하고 보완해나갔다. 그 덕분에 나는 앞으로 나아갈 수 있었으며, 억 대의 연봉을 받을 수 있었다.

이후 나는 국민대학교 경영 대학원 리더십과 코칭 MBA 석사 과정에 진학했다. 전문 지식으로만 영업하는 데에 한계를 느꼈기 때문이다. 리더십과 코칭에 대한 전문성이 필요했다.

그러나 6개월이 흘러도 수업에 집중이 되지 않았다. 투자에 비해 성과가 없다고 느껴졌기 때문이다. 불안했다. 사실 배움에 대한 투자는 당장 성과가 눈에 보이지 않아 힘들다. 초심으로 돌아가, 내가 입학한 근본적인 이유를 생각해보았다. 내가 내린 답은 '어렵고 힘들지만 할 수 있다!'였다. 할 수 있다고 믿으며 포기하지 않았다.

배움은 성장을 의미한다. 한번에 눈사람을 만들 수는 없지만 조금씩 눈을 뭉쳐 굴리다보면 어느새 완성된 눈사람을 마주하게 될 것이다. 나는 배움을 통해 한 단계씩 나를 성장시켰고, 원하는 목표를 달성할 수 있었다.

고객이 절대
거절할 수 없는 이유

최근에 하야카와 마사루의 《영업의 신 100법칙》을 재미있게 읽었다. 저자는 세계 유수의 파이낸스 그룹을 모회사로 둔 외국계 생명보험회사에 입사해 상위권의 높은 실적을 올렸고 이후 지사장으로 취임해 100명당 35명의 MDRT$^{Million Dollar Round Table}$ 회원을 배출한 베테랑 영업인이다. 그리고 지금은 여러 생명보험회사의 러브콜을 받으며 영업 조직의 총괄부장을 맡고 있다. 저자는 영업인을 돌려보내려는 구실에 지나지 않는 고객의 '거짓 반론'에 부딪혀, 아무것도 전달하지 못하는 단계를 뛰어넘지 않고는 절대로 영업을 할 수 없다고 말한다. 고객이 내놓는 반론의 패턴은 대략 '지금으로 충분하다. 돈이 없다. 바빠서 이야기를 들을 시간이 없다. 나는 결정권이 없다.' 등이다. 그러나 이런 반론은 진짜 거절이 아니다. 그냥 인사일 뿐이다. 영업인이라면 고객의 반론을 기쁘게 받아들이는 아량이 필요하다. 나 또한 기업교육 제안, 분양, 제약, IT 등 다양한 분야의 영업을 해보았지만, 늘 거절을 당해왔고, 거절에 대해 느낀 바가 있다.

'고객의 거절은 당연하다.'
'거절은 끝이 아니라 시작이다.'

고객은 보통 바쁘다. 제약회사에 있을 때의 일이다. 신입이라 선배를 따라다니며 영업을 배울 때였는데, A 선배는 의사인 고객 앞에서 신제품을 구구절절 설명하느라 바빴다. 그러나 고객은 컴퓨터 모니터를 응시하며 더 바빠 보였다. 결국 고객은 "알았어요. 브로슈어 놓고 가요."라는 말 한마디만 하고 사라져 버렸다. B 선배의 의사 고객 역시 바빠 보였다. 그러나 B 선배는 A 선배와 접근법이 달랐다. 신제품에 대한 설명이 아닌, 메이저 야구선수에 대한 스크랩 기사를 가방에서 꺼내며 대화의 물꼬를 트는 게 아닌가. 바빠 보이던 고객은 하던 일을 멈추고 우리 앞에 와 앉았다. 알고 보니 B 선배는 고객이 야구광임을 알고 있었다. 그렇게 자연스럽게 대화하며 신제품을 차분하게 홍보했다.

M제약에서 일할 때다. 당시 나는 반드시 확보해야 하는 대형 병원이 있었다. 그러나 병원 입구에는 '우리 병원은 원활한 진료를 위해 제약회사의 영업 사원 출입을 금지합니다.'라는 문구가 붙어 있었다. 우리의 고객인 의사는 하루에 수백 명의 환자를 진료해야 하는 사람이므로 정말로 영업 사원을 만날 시간이 없다. 그리고 어차피 어렵게 만나더라도 우리의 이야기를 잘 안 듣는다. 들어주면 고맙지만 대부분은 듣는 척만 한다. 왜? 바쁘고, 시간이 없기 때문이다.

제약회사뿐 아니라 모든 영업 현장이 이러하다. 고객은 바쁘고, 시간이 없고, 잘 듣지 않는다. 그런데도 시간을 내어 잘 들어주는 고객이 있다. 과연 이런 고객을 둔 영업 사원에게는 어떤 비결이 있을까? 결론부터 말하자면, 이런 영업 사원은 고객의 관심사를 매우 잘 알고 있다.

신제품 출시에 관심을 보이는 고객은 없다. 신제품 출시는 오로지 영업인의 관심사일 뿐이다. A 선배는 신제품에 관심이 없는 고객에게 물건을 팔려다가 거절당했다. 그러나 B 선배는 고객의 관심사를 꿰뚫고 그간 준비한 자료와 함께 신제품을 홍보해 판매에 성공했다. 나 또한 대형 병원에 붙은, 제약회사 영업 직원의 출입을 금지한다는 문구에도 포기하지 않았다. '어떻게 하면 원장님을 만날 수 있을까?'를 고민하며 자료를 수집했다. 환자로 접근해서 간호사, 행정 직원들과 친해지며 원장의 관심사를 파악했다. 그러고는 직원들의 복지와 교육에 관심이 많다는 걸 알아내고, 병원 내 모든 직원을 대상으로 하는 CS 교육 연간 플랜을 작성했다. 그리고 어떻게 만났을까? 병원 출입은 못해도 건물 내 지하 주차장 출입은 가능하지 않은가? 나는 원장의 퇴근 시간에 맞춰 그의 차 앞에서 기다렸다가, 엘리베이터가 열리는 순간을 노렸다.

"안녕하세요. 저는 M제약 담당자 권태호입니다."
"다음에 오세요."

바로 거절이었다. 그러나 나는 지금이 아니면 다음은 없다는 각오로, 준비한 연간 교육 플랜 제안서와 내 프로필이 들어 있는 포트폴리오를 건넸다.

"네, 알겠습니다. 원장님, 이거 한 번만 봐주세요!"

이렇게 매출이 전혀 없었던 대형 병원에서 첫해에만 4천만 원이상의 매출을 올렸고, 주변 대형 병원에 소문이 나면서 여러 병원에서 연락이 오기 시작했다.

"안녕하세요, ○○병원 원무부장입니다."

"네, 안녕하세요! 부장님."

"바쁘시겠지만 잠시 시간 내어 방문해주실 수 있으신가요?"

"네, 알겠습니다. 혹시 어떤 일인지 여쭤도 될까요?"

"직원 교육에 대한 소문을 들었어요. 우리도 부탁드리고 싶습니다."

갑과 을이 뚜렷한 제약 영업에서, 갑의 위치인 병원이, 을의 위치인 제약회사의 영업 사원을 먼저 찾는다는 건 있을 수 없는 일이다. 그러나 나는 원장과 전 직원이 모인 자리에서 직원 교육과 함께 당당히 제품 설명회까지 하고 나왔다. 매출이 나오는 건 시간문제였다. 이렇게 나는 지역 내 대형 병원뿐 아니라 일반 병원까지 신규 고객을 확보했다.

고객이 거절한다고 상처받거나 힘들어하지 말라. 제품의 필요를 느끼지 못하는 고객의 거절은 너무 당연하다. 그리고 거절은 끝이 아니라 시작이다. 정말로 바쁘고, 정말로 시간이 없고, 잘 듣지 않는 게 우리의 고객이다. 그들의 관심을 얻기 위해서는 그들의 관심사를 파악하고, 어떻게 하면 그들의 고민을 내가 해결해줄 수 있을지 고민해야 한다. 그리고 실행하면 그만이다. 매출은 시간문제다. 고객이 절대 거절할 수 없는 당신만의 무기를 만들어야 한다.

모든 고객을
상대할 필요는 없다

「權泰鎬(권태호·27) 씨는 한국기술교육대학교 내의 유일한 비공학계열인 산업경영학부생이다. 졸업을 앞둔 그는 현재 한국리더십센터에서 인턴사원으로 근무 중이다. 권태호 씨는 "산업경영학부 인력경영을 전공했기 때문에 전공을 살려 취업을 한 것"이라며 "졸업 후 하고 싶은 일을 하고 있어서 기쁘다"고 말했다. 권태호 씨는 "평소의 작은 노력들이 쌓여서 좋은 결과를 낸 것 같다"며 "나중에 석사와 박사 학위까지 마쳐서 남을 가르치는 교육자의 길을 걷고 싶다"고 말했다.」

13년 전에도 대학생들의 관심사는 취업이었다. 그리고 나는 전공을 살려서 졸업 전에 취업을 한 케이스였다. 인턴 기간 종료 시점에 정규직을 제안받았지만, 나는 현장의 경험을 쌓고 싶어 거절했다. 당시 꽤 유명한 기업교육 회사인데다, 소속된 유명 강사도 많아서 일찍 인맥을 쌓을 수도 있었지만, 그때의 나는 무엇이든 마음만 먹으면 할 수 있으리라는 패기도 있었고, 영업에 대한 실전 경험 없이 단순 이론만 습득해서는 강사로서 롱런하기 힘들 것 같다는 판단도 있었다. 그리고 시간이 흘러 내 판단이 틀리지 않았다고 느꼈을 때는 모든 게 감사하고 행복했다.

이후 시작한 분야는 분양업이었다. 길거리에서 불특정 다수를 대상으로 했지만, 나는 길 위에서 만난 사람들에게 감동을 주기 위해 목숨을 걸었다. 그러나 분양에 관심이 있는 사람과 없는 사람을 구분하기도 힘들었던 초보 시절이라 무작정 발로만 뛰던 시절이었다. 그러던 어느 날이었다. 주말이라 사람들이 바쁘게 움직이고 있었고, 나도 한창 전단을 돌리며 미팅을 잡기 위해 고군분투할 때였다. 그때 고급 자전거를 탄 사람이 내게 말했다.

"야, 저리 비켜!"

순간 당황한 나는 멈칫했다. 그는 내가 자신보다 어리다는 이유로 반말을 하고 있었다. 동료들이 다가와 "죄송합니다. 한 번만 봐주세요" 하고 말해주었다. 그리고 다시 전단을 돌리려는데 그가 다시 말했다.

"야, 인마! 싸가지 없이. 너 이리 와봐."

그러고는 소리를 지르며 내게 달려오는 게 아닌가. 나는 위협을 느껴 나도 모르게 그의 가슴팍을 발로 차 버렸다. 바닥에 넘어진 그는 씩씩거리며 어디로인가 전화를 했다. 그러고는 어디 가지 말고 있으라며 고래고래 소지를 질렀다. 10분 정도 지났을까. 멀리서 보아도 20명은 되어 보이는 건장한 남자들이 뛰어오는 게 보였다. 그리고 무리 중 한 사람이 나를 보며 말했다.

"아버지, 이 새끼입니까?"

끝이 아니었다. 맞은편에서도 또 다른 무리가 소리를 지르며 달려왔다. 온 몸에 힘이 빠지며 '아차' 싶었다. 나는 수십 명의 남성들에게 멱살을 잡혀 건물 안으로 들어갔다. 머리가 하얘졌다. 본부장님과 동료들이 다가와 그들을 말리기 시작했고, 나는 결국 무릎을 꿇고 그들에게 사과했다. 알고 보니 조직폭력배였던 것이다. 일이 끝나고 본부장님과 동료들이 나를 위로했지만, 이미 멘털이 무너진 뒤였다. '내가 지금 무엇을 하고 있는 거지?'라는 생각이 들며 자존심이 상하고, 일에 대한 회의감까지 몰려왔다.

영업 현장에서 고객을 대면하는 일은 결코 쉽지 않다. 영업에 만족을 느끼는 고객도 많지만, 영업인을 무시하거나 자기 아래로 생각하는 고객도 많다. 이런 고객을 만나면 참 힘들다. 나는 이 사건 이후로 관심 고객과 그렇지 않은 고객을 구분했다. 그리고 열심히만 하려고 해서는 안 된다는 것과 모든 고객을 만족시키지 않아도 된다는 걸 알았다. 나를 인정하고 지지하는 고객, 나를 존중하고 좋아하는 고객을 만들고, 그들과 더 발전된 관계를 만들기로 결심했다.

인생이든 영업이든 매 순간이 선택이다. 그렇다면 더 나은 선택을 위해서는 어떻게 해야 할까? 그건 바로 '내 마음이 가는 일을 하는 것'이다. 한 번뿐인 인생이며, 한 번뿐인 영업 현장이다. 힘들게 인상 쓰며 일할 필요가 없다.

그리스 로마 신화에는 앞머리만 있고, 뒤통수는 대머리인 신이 나온다. 바로 기회의 신 '카이로스'다. 기회는 앞에만 머리카락이 있어서 왔을 때 꽉 잡아야지, 멈칫하면 잡을 수가 없다. 또 인생에는 세 번의 기회가 있다고 한다. 그러므로 모든 고객을 상대할 필요는 없다. 고객 만족이나 고객 감동이라는 말에 목숨 걸 필요도 없다. 내가 가장 만족시켜야 할 고객은 상대가 아니라 나 자신이라는 것을 잊지 말자.

영업 없는
성공은 없다

피터 드러커의 《성과를 향한 도전》에는 경영에 대해 다음과
같이 말한다.

'경영의 과업이란, 기업이나 사업을 운영하기 위해 꼭 해야 할
일이나 임무를 말한다. 곧 지속 가능한 발전을 뜻한다. 생존의 문
제인 것이다. 기업이 생존하기 위해 다양한 부서에서 협업해야
할 것이다. 특히 제품 개발, 연구, 투자, 마케팅, 홍보 등 모든 업
무가 중요하겠지만 가장 중요한 부분은 바로 '영업'이다.'

영업인은 경영자와 마찬가지로 모든 일을 처음부터 끝까지 스스로 준비하고, 실행한다. 조직에 팀장과 팀원이 있다고 하더라도 영업 현장에서 고객을 대하는 일은 영업 사원이 직접 한다. 즉, 담당 지역의 상황, 담당 고객에 대해 가장 정확하게 아는 사람은 회사의 팀장이 아닌 담당 영업인인 것이다. 그런 의미에서 영업인은 한 회사를 경영하는 경영자와 같다. 기업의 목표가 이윤 추구라면, 경영자의 목표는 성과를 올리는 것이며, 영업인의 목표는 목표 달성이다. 그리고 모든 업무는 성과를 올려야만 의미가 있다.

또한 영업인은 자신을 감독할 수 있어야 한다. S제약에서 일할 때는 일주일에 사흘만 출근했다. 출근한 날에는 고객에게 설명할 제품에 대해 공부한 다음, 팀장에게 할 일과 동선을 보고하고, 승인을 받아 외근을 나갔다. 그리고 1년 2개월 뒤, 나는 M제약으로 이직했다. 이곳에서는 일주일에 하루만 출근했다. 월요일 오전에 전체 회의를 통해 활동한 내용을 공유하고, 새로 시작할 플랜을 팀장에게 보고하는 형식으로 이루어졌다. 외국계 IT 기업에서는 재택근무를 했다. 출퇴근이 자유로워 나를 통제할 사람이 아무도 없었다. 대신 자기 관리와 시간 관리가 관건인 회사였다. 애초에 자기 관리가 어려운 사람은 영업에 뛰어들면 안 된다. 서로가 힘들어지기 때문이다.

나는 신기하게도 통제받는 시스템인 제약회사보다 자유롭게 알아서 모든 걸 해야 하는 IT 기업에 있을 때 성과가 훨씬 좋았다. 일도 재미있어서 하루하루가 감사했다. 당신이 현재 영업을 하고 있다면, 당신의 분야에서 성공할 수 있다고 생각하는가? 어떠한 어려움이 와도 이겨낼 수 있는가?

'내가 정말 잘할 수 있을까?'
'이게 맞는 방법일까?'
'성공할 수 있을까….'

혹시 자신에게 기회도 주지 않은 채 이런 의심만 하고 있지는 않은가? 영업에서 성공하고 싶다면 정확한 목표, 즉 목적지가 있어야 한다. 그렇지 않으면 추진력을 얻기 힘들며 결국 뒤처지게 된다. 일단 정확한 목표를 세워라.

목표를 명확하게 세우는 방법 한 가지를 소개하겠다. 바로 1981년, 전설의 컨설턴트인 조지 도란 교수가 설계한 SMART 목표 설정 기법이다. 그의 말에 따르면 성공을 위한 목표에는 다음 5가지 요소가 있어야 한다고 한다.

- ∘ S(Specific): 구체적이어야 한다.
- ∘ M(Measurable): 정량화되고, 측정 가능해야 한다.
- ∘ A(Achievable): 달성 가능해야 한다.
- ∘ R(Realistic): 현실적이어야 한다.
- ∘ T(Timeline): 타임라인이 있어야 한다.

즉, 목표를 세우기 위해서는 '구체적으로 무엇을 달성할 것인가? 측정할 수 있는 목표인가? 실행 가능한가? 현실적으로 달성할 수 있는가? 기한을 정할 수 있는가?'라는 5가지 질문에 답할 수 있어야 한다.

얼마 전 후배가 찾아왔다. S제약 시절, 갓 입사했던 후배였다. 내 책을 읽고 만나러 왔다고 해서 반갑기도 하고, 참 감사했던 기억이 있다. 나는 후배에게 꿈이 뭐냐고 물었다.

"강사님처럼 되고 싶습니다."

"저요? 제가 어떤 사람인데요?"

"직접 영업하며, 강의도 하시잖아요. 저도 그렇게 되고 싶습니다."

"강사가 되고 싶으시구나. 앞으로 계획이 있나요?"

"네, 우선 지금 회사에서 좋은 성과를 내는 게 첫 번째 목표예요. 2년 뒤에는 더 좋은 회사로 이직도 하고 싶고, 책도 읽고 세미나도 다니며 계속 배우고 싶어요. 최종적으로는 영업을 교육하는 회사에 들어가서 커리어를 쌓아 직접 강의하고 싶어요."

그에게는 단계별, 시기별로 디테일하고 확실한 목표가 있었다. 11년 전 내 모습을 보는 것 같았다. 이후, 그는 진짜로 S제약 영업부에서 10% 내에 진입한 최우수사원이 되었고, 2년 후에는 국내 5위 안에 드는 제약회사로 이직했으며, 지금도 승승장구하며 영업을 하고 있다. 이렇게 목표가 확실한 사람은 풍기는 기운부터 남다르다. 일단 눈빛이 빛나고 태도가 눈에 띈다.

갓 영업을 시작한 후배를 보면 말끝을 흐리는 등 자신 없는 태도를 취하는 경우가 많다. 어떻게 영업을 시작해야 할지 전혀 감이 오지 않는다면, 일단 목표를 연간, 분기별, 월별, 주간별로 세분화해라. 그리고 확신과 긍정으로 앞으로 나아가라. 불평과 의심을 멀리 던져 버리고 앞만 보고 달리길 바란다. 많은 영업인이 그렇게 달려간다. 그리고 마음만 먹으면 도움을 청할 곳도 많다. 자신을 믿자. 할 수 있다. 해보자.

자신만의 영업 철학이
있어야 한다

"신발은 거짓말하지 않는다."

IT 기업 영업부 보스가 내게 해준 말이다. 그는 내가 지금껏 본 사람 중에 가장 캐릭터가 확실한 사람이다. 처음 본 순간부터 특별했다. 아니, 정확히 말하면 조금 특이했다. 보스는 자신만의 확고한 신념이 있고, 눈에는 보이지 않는 부분을 꿰뚫는 사람이었다.

내가 IT 기업 영업부 매니저로 오자마자 한 일은 전국의 매장을 다니는 일이었다. 점장과 대표를 만나 '현재 시장 상황은 어떠한지, 우리 제품에 문제점은 없는지, 어떤 부분을 보완하면 좋은지' 등에 대해 시장조사를 하는 업무였다. 사실 13년간 영업을 해왔기에, 일에 적응하고 성과를 내는 건 시간문제라고 생각했고, 실제로 한 달이 지난 시점부터 성과를 내기 시작했다. 그리고 6개월이 지나자 업무에 가속도가 붙어, 입사 6개월 만에 연봉을 인상받았고, 1년째 되는 해에는 회사에서 자동차까지 선물로 받았다. 매출 0에서 매출 1억 3천까지 만들었으니, 이사는 무에서 유를 창조했다며 칭찬과 격려를 아끼지 않았다. 그렇다면 완전히 새로운 분야에서 빠르게 성과를 낼 수 있는 비결은 무엇이었을까?

바로 나의 보스 덕분이다. 입사 후 한 달간은 보스와 동행하며 전국의 매장을 돌았다. 영업에 자신 있는 상태였지만, 보스의 영업 방식은 나에게 신선한 충격을 주었다. 완전 처음 보는 방식이었다. '갑의 영업'이라고 해야 할까. 입사 후 동료에게 보스에 대한 이야기를 들어서 짐작은 했지만 이 정도일 줄 몰랐다.

그는 갑의 입장에서 고객과 함께 성장하는 그림을 그리며 영업을 했다. 고객에게 비전을 제시하는 방식이었다. 보스가 거래처에 나타나면 거래처의 대표는 직접 인사를 하고, 안부를 묻고, 현재 상황과 시장 동향을 물었다. 그러면 보스는 기다렸다는 듯이 현재 판매하는 제품의 개선점을 짚어주고, 앞으로 운영해야 할 신제품을 소개했다. 거래처 대표와 실무자들은 보스의 이야기 하나하나를 메모하며 경청했다. 이야기가 끝나면 이제는 피드백을 듣는 시간이다. 보스는 온몸으로 그들의 소리에 귀 기울이며 맞장구를 쳤다. 경청 전문가였다.

영업을 이렇게도 하는구나. 대단해 보였다. 이곳에서의 미래가 기대되었다. 게다가 그는 사람을 보는 능력이 탁월하고, 어떻게 조직을 이끌어야 하는지, 어떻게 관계를 쌓고 유지해야 하는지에 대한 비즈니스 감각이 있었다.

가끔 영업을 오래 해온 사람들을 보면, 과거의 성공 경험을 바탕으로만 영업을 하는 경우가 있다. 그러나 세상은 변하고 있다. 흐름에 맞춰야 할 때는 반드시 온다. 배우지 않고, 성공해본 방식만 고수하다가 도태하는 영업인을 많이 보았다. 이런 성향의 상사를 만나면 부하 직원은 참 힘들다. 구시대적인 생각과 행동으로 직원을 함부로 대하는 상사가 아직도 있다.

앞서 말한 후배는 원하는 목적을 이루고 자신의 영업에 충실했다. 그러나 일을 잘하다 보니 선배들의 시기와 질투가 생겼다. 은근슬쩍 무시당하고, 말도 안 되는 꼬투리를 잡혀 혼나는 날이 다반사였다. 6년이 지난 어느 날 후배에게 전화가 왔다.

"선배, 나 사표 냈어요!"

"왜? 무슨 일이야?"

"만나서 얘기해요."

"그래, 당장 만나자."

후배의 이야기를 들어보니 가관이었다. 후배의 빠른 성장을 못마땅하게 여긴 상사의 괴롭힘은 상상을 초월했다. 나는 사표를 낸 후배에게 정말 잘했다고 격려해줬다. 진심이었다. 후배는 아직 30대 초반이며 미혼이다. 뭐든 해도 될 놈이라는 걸 잘 알고 있었다. 그 회사의 임원이 목표가 아니라면, 굳이 상사의 시달림을 견딜 필요가 없다.

물론, 막상 사표를 내면 후회할 것이다. 세상은 만만치 않고 공짜가 없기 때문이다. 다시 무언가를 얻기 위해서는 두 배 이상의 노력을 해야 한다. 그러나 후배는 자신만의 뚜렷한 영업 철학이 있었으므로 걱정하지 않았다. 목표 없이, 단지 회사에 적응해 편하게 일하려는 영업인은 절대 할 수 없는 선택이기도 하다.

나도 좋은 회사를 박차고 나오는 게 쉽지 않았다. 하지만 그곳에서 더는 발전할 수 없을 거라는 판단이 들었다. 당시, 회사에 남았더라면 적지 않은 연봉과 좋은 복지를 누렸을지는 모르겠으나, 지금의 나는 없었으리라. 누구든지 잘나갈 때, 일이 잘 풀릴

때 다음을 준비해야 한다.

　영업 철학이 있는 영업인은 회사에 의지하지 않는다. 회사가 당신의 인생을 책임질 거라고 기대하지 마라. 오히려 당신이 성장하고 발전하고 성숙해야만 회사도 함께 성장할 수 있다고 생각하라. 영업으로 성공하고 싶다면, 당신만의 영업 철학을 가져라.

영업의 정석은
따로 있다

"

방향 없는 속도는
힘만 빠진다

"

영업 목표를
구체적으로 설정하라

M제약에서 근무한 경험은 값졌다. 기업의 가치관, 문화, 연봉, 복지 그리고 함께 일하는 사람들까지 모두 우수했다. 다국적 회사라 다름을 인정하고, 다양성을 존중하는 사내 분위기가 형성되어 있었다. 사실 어떤 제약회사든 하는 업무는 비슷하다. 그러나 M제약은 매출 자료를 분석하는 능력, 발표 능력, 소통 능력, 리더십, 윤리 의식, 외국어까지 우수해야 했다. 어떤 사람은 부담스럽게 느낄 수 있지만, 뚜렷한 목표가 있는 사람에게는 이러한 과정이 오히려 성장의 밑거름이 된다.

나는 M제약에서 대리가 되고 과장이 되었다. 직급도 높아졌다. 그즈음에 나는 회사가 원하는 수많은 업무 능력에 능숙해져 있었다. 그때 한 선배가 말했다.

"태호는 술까지 잘 마셨으면 어쩔 뻔 했니?"

그렇다. 직급이 올라갈수록 술 마시는 것도 능력으로 보았다. 그 선배는 발이 넓고 아는 사람도 많았다. 그러나 선배는 술을 통해서만 사람들과 소통했다. 안타까웠다. 내가 생각하는, 영업이 망하는 첫 번째 지름길은 바로 '술'이다. 내 능력의 120%를 영업 현장에 쏟아부어도 성과를 이룰까 말까 하는 게 영업이다. 그런데 술이라니. 내가 S제약에 입사했을 때 가장 힘든 게 무엇이었을까? 꼭두새벽에 일어나 제일 먼저 출근하고, 제품을 공부하는 게 힘들었을까? 매일 아침 선배들 앞에서 하는 제품 설명, 실적 압박, 신규 제품 랜딩, 선배들과의 관계… 사실 힘들지 않은 게 없었지만 가장 괴로운 건 술이었다. 니는 원래 술에 약하다. 술을 마시지 못하는 나를 보면 선배들이 공통으로 하는 말이 있다.

"술은 마시면 늘어."

가장 듣기 싫은 말이었다. 입사 환영회에서도 나는 선배들이

돌아가며 따라주는 술을 받아먹어야 했고, 마시지 못하면 따가운 눈총을 견뎌야 했다. 생전 처음 과음한 날, 나는 구토와 함께 쓰러지기 일보 직전이었다. 게다가 다음 날의 숙취는 최악이었다. 비몽사몽, 머리는 깨질 것 같고 몸은 축 늘어졌다.

아무튼 영업을 하면 이런저런 이유로 술자리가 많다. 술로 영업하는 사람이 많은 이유이며, 아직도 많은 영업인이 술로 상사와 고객의 마음을 사기 위해 애쓴다. 나도 당시에는 그게 사람들과 어울리고, 서로 격려하는 방법이라고 생각했다. '이게 영업이구나. 술을 배워야지. 마셔보자.'

그러나 지금 생각해보면 어이없다. 영업한답시고 밤늦게까지 술에 취해 있는 건 시간 낭비이며, 절대 비즈니스가 아니다. 다음 날 서로 무슨 이야기를 했는지조차 생각나지 않는 게 무슨 비즈니스인가. 얻는 것보다 잃는 게 많다고 생각해서 나는 지금도 술을 마시며 비즈니스를 하지 않는다.

차라리 그 시간에 영업 방향을 설정하고, 고객에게 어떤 도움을 줄 수 있을지를 강구하는 게 낫다. 술 마시는 것을 열심히 일한다고 착각하지 마라. 가정도 뒷전으로 한 채 술자리를 갖는 걸 무슨 거창하고 대단한 일이라고 생각하지 마라. 목표가 명확한 영업인은 소중한 시간을 낭비하지 않는다.

영화 〈기생충〉은 전 세계적으로 성공한 자랑스러운 우리 영화이다. 신자본주의 사회에서의 계급 갈등이 어떠한지를 잘 보여주었고, 이는 많은 사람의 공감을 샀다. 나도 계급 갈등이 심화한 사회에서 한 가정이 붕괴하는 모습을 보며 많은 생각을 했다. 사실 현대 자본주의 사회에서 돈의 힘은 강하다. 그리고 부자는 매력적으로 보이기까지 한다.

나는 돈을 적게 벌고 싶어 하는 영업인을 본 적이 없다. 그러나 돈은 많이 벌고 싶으면서, 현실에 안주하는 영업인을 많이 보았다. 왜일까? 그냥 살만하기 때문이다. 목표 없이 살면, 목표가 있는 삶보다 훨씬 편하기까지 하다.

나는 돈을 많이 벌기 위해서라도 절대 목표 없이 일하면 안 된다고 생각한다. 업무에 적응하는 그 시점이 편해지는 타이밍이며, 새로운 목표 설정을 해야 할 타이밍이다. 그렇게 목표를 설정하고 달성하는 것을 반복해야만 원하는 것을 얻을 수 있다.

당장 급한 일만 처리하면서 바쁘다고 자기 합리화하는 사람, 늘 불평하고, 가진 것에 감사하지 못하는 사람은 매너리즘에 빠지면 절대 헤어 나오지 못한다. 영업 고수가 되고 싶다면 안락할 때 자신을 채찍질하라. 그러면 고객이 먼저 당신을 찾을 것이다.

자신만의 콘셉트를
만들어라

콘셉트는 사전적으로 '광고에서 목표 소비자에게 제품의 성격을 명확히 부여하는 것'이다. 목표 소비자는 누구인지, 그들의 욕구는 무엇인지, 광고의 목표는 무엇인지를 살피고, 우리 제품만이 가지고 있는 고유한 특징을 가지고 제품의 개념을 만드는 것이라 할 수 있다. 즉, 타깃에게 우리 제품의 성격을 명확히 부여하는 것이라 보면 된다.

사실 모든 영업인은 자신만의 콘셉트를 만들어야 한다. 우리가 판매하는 제품은 이미 정해져 있다. 그리고 우리가 판매를 시작하면, 우리의 경쟁사 또한 유사품을 내놓는다.

M제약에서 근무할 때, 호텔에 고객 100명을 초대해 제품 설명회를 연 적이 있다. 그리고 마지막에 제품에 대한 설문조사를 진행했다. 제품을 최종 선택하는 기준은 무엇인지를 묻는 항목에 회사 브랜드, 인지도, 제품력, 선호도, 순응도 등의 보기가 있었지만, 1위를 차지한 답변은 바로 '영업 담당자'였다. 자신을 담당한 영업 사원이 고객의 최종 선택을 좌우하는 것이다. 물론 브랜드 인지도나 제품력 등이 월등히 차이가 난다면 이야기는 달라지지만, 비슷한 사양이라면 고객은 자신이 만난 영업인을 보고 제품을 선택한다. 그렇다면 영업인이 준비해야 하는 것은 무엇인가? 이미 답이 나왔다.

"고객이 꼭 당신을 통해 제품을 사야 하는 이유는 무엇인가?"
"당신만의 특별한 콘셉트가 있는가?"

이 질문에 정확한 답변을 하지 못했다면 자신을 되돌아보라. 영업 고수는 모두 자신만의 특별한 콘셉트를 갖고 있다. 나는 제약회사에 있을 때 '병원 컨설턴트'라는 콘셉트로 영업을 했고, 이 콘셉트가 나를 성공으로 이끌었다.

제약 영업은 힘들기로 유명하다. 병원에는 이미 모든 종류의 약품이 준비되어 있으므로, 이 틈을 뚫고 들어가기란 결코 쉽지 않다. 게다가 김영란법으로 인해 제약 영업인들이 의사를 만나기 조차 어려워졌다.

나는 영업을 선택한 이유에 대해 되돌아봤다. 앞서 말했듯이, 나는 영업 현장에서 직접 부딪혀 배우고, 그 현장감을 바탕으로 강사가 되고 싶었다. 그래서 내 꿈과 실제 영업 현장을 접목할 수 있는 방법을 고민했다. 선배들이 해온 방식이 아닌 나만이 할 수 있는 영업 콘셉트가 무엇인지를 찾아본 것이다.

M제약에 있을 때, 나는 우선 거래하고 싶은 병원의 행정 직원들을 만났다. 사실 병원의 행정 직원이야말로 병원에 무엇이 필요한지, 어떤 점을 개선해야 할지를 정확히 알고 있는 사람이다. 나는 그들에게서 정보를 취했다. 그리고 현장에서 일하는 의료인들은 매년 '개인정보 보호법, 성희롱 예방교육, 아동학대 방지교육, 산업안전 교육, 보건 교육' 등에 대한 법정 의무교육을 받아야 하는데, 현실적으로는 꽤 골치 아픈 일이라는 걸 알았다. 의무교육을 제대로 받지 않으면 과태료까지 내야 하지만, 해마다 느끼는 의무교육에 부담을 느끼는 병원이 적지 않았다. 나는 이 부분을 해결해주고 싶었다. 특히 개인정보 보호법과 성희롱 예방 교육은 자체적으로 실행할 수 있는 부분이어서, 나는 두 가지 교육과 함께 병원 CS 교육을 준비했다.

결과석으로 대성공이었다. 병원의 행정 직원들에게 인정받고 나니, 그 위의 팀장, 부장과도 자연스럽게 친해졌다. 병원의 조직 구조를 보면 행정부서 팀장급 이상은 보통 가족이나 친인척인 경우가 많다. 즉, 이들의 마음을 사로잡으면 키 맨^{Key man}인 원장에게 내 이야기가 흘러갈 가능성이 농후했다. 사실 개인정보 보호법과 성희롱 예방 교육 자료는 쉽게 구할 수 있다. 내가 공들인 건 병원 CS 교육 자료였다. 병원 CS 교육은 나름의 전문성이 있어야 한다. 내가 준비한 내용은 이렇다.

- 손님과 고객을 구분하고 정의하기
- 손님을 고객으로 만드는 법
- 고객에 대한 투자 가능 영역과 불가능 영역 구분하기
- 고객이 이탈하는 요인 분석하기
- 병원의 만족 고객과 불만족 고객 미리 구분하는 법
- 우리 병원만의 경쟁력 찾는 법
- 전화 응대, 서비스 매너는 기본 중의 기본
- '누가 가장 중요한가?' 이해하기

그리고 "병원에 처음 방문하는 손님은 고객이 아닙니다. 말 그대로 한번 다녀가는 손님일 뿐입니다. 중요한 건 이 손님을 고객으로 만들기 위한 우리 병원만의 경쟁력을 갖추는 것입니다. 우

리가 투자할 수 있는 영역에 집중해봅시다. 그리고 그 답을 친절함이라는 서비스에서 찾아봅시다."라고 강의를 시작했다. 존중이 담긴 단어를 선택해 듣기 좋은 표현으로 강의를 진행했고, 강의 후에는 반드시 피드백을 받았다. 사후관리를 위해 꼭 필요한 부분이다. 나는 피드백 받은 내용으로 강의를 보완해나갔다.

강의에 만족하지 못한 날에도 낙담하지 않았다. 강의를 수정하고 보완하면 그만이다. 이렇게 나는 강사로서의 꿈과 현장에서 성과를 올리기 위한 방법을 접목했다.

과거는 현재이고, 현재는 당신의 미래다. 당신은 지금 영업을 위해 어떤 준비를 하고 있는가? 성과 창출을 위해 어떤 활동을 하고 있는가? 과거의 경험이 쌓여 현재의 당신을 만든다. 현재의 당신이 하는 일과 준비하는 일은 당신의 미래가 될 것이다. 변화해야 할 시기라면 이제까지와는 다른 관점으로 바라보고 방식을 바꿔라. 비슷한 생각을 하는 사람이 아닌, 완전히 다른 사고를 하는 사람을 만나라. 당신의 인생 또한 180도 달라질 것이다.

영업 현장에서의 경험은
피가 되고 살이 된다

제약회사의 주 고객은 병원과 약국이다. 병원에서 일하는 사람은 의료인과 행정 직원이며, 약국에서 일하는 사람은 약사이다. 그리고 우리 제품을 처방하는 권한을 가진 사람은 의사이다. 그렇다면 의사에게만 잘하면 될까? 그렇지 않다. 간호사, 행정실무자, 협력사 모두에게 잘해야 한다. 인생도 마찬가지다. 나에게 도움이 되는 사람, 상사에게만 잘 보이면 될까? 아니다. 위아래, 앞뒤, 양옆 360도 리더십을 발휘해야 한다. 가장 어려운 일이다. 어떨 때는 현장에서 만나는 고객을 대하는 게 가장 쉽게 느껴지기도 한다. 그만큼 주변인을 상대하고 관리하는 일은 어렵다.

나는 시간이 날 때마다 소통 전문가 김창옥 교수의 유튜브 강의를 시청하며, 그의 강의를 모조리 보고, 쓰고, 공부했다. 그리고 영업에 적용하기 위해 노력했다. 소통을 잘하는 사람이 되기 위한 세 가지 방법을 소개한다.

첫째, 매력적인 사람이 되자. "저 사람 참 매력 있어."라는 말을 듣는 사람이 되자. 잠시 눈을 감고, 주변에 매력적이라는 생각이 드는 사람 3명을 떠올려보자. 그리고 그들의 매력 포인트를 발견하고, 배우자.

둘째, 고객과의 관계 개선에 힘쓰자. '사이[relationship]'란 사람과 사람이 맺는 관계를 뜻한다. 적대적인 관계에 놓인 사람과는 영업이 될 리 없다. 생각해보자. 당신은 처음 보는 사람의 말을 잘 듣는가, 친한 사람의 말을 잘 듣는가? 만약, 처음 보는 사람이 하버드 대학을 나왔다며 접근해왔다고 가정해보자. 당신은 이 사람의 말을 잘 들을 것인가, 아니면 20년 동고동락한 친구의 말을 들을 것인가? 대부분의 사람은 나와 친한 사람의 말을 더 잘 듣는다. 즉, 고객과 소통하기 위한 전제 조건은 '우호적인 관계'여야 한다는 것이다. 아무리 똑똑한 사람이 다가와도 그가 적대적인 관계에 놓인 사람이라면 가까이할 리 없다. 고객에게 영향력을 끼치고 싶다면 관계 개선에 힘써야 한다.

셋째, 감성을 활용하라. 이제 지식은 평준화되었다. 지식이 없으면 안 되지만, 또 지식이 있다고 제품을 잘 파는 것도 아니다. 사람을 대하는 감정 근육을 단련해야 한다. 감정 근육이 없는 사람은 현재 놓인 자신의 상황이나 상태로만 사람을 대한다. 감정을 잘 활용하는 사람이란, 리액션^{reaction}이 좋은 사람을 말한다. 상대방의 말과 행동에 반사적으로 나타나는 반응과 동작이 좋아야 한다. 리액션은 상대에 대한 이해와 공감, 배려가 녹아나 있는 행동이다. 다음은 초등학생이 된 큰아들이 학교에서 받아쓰기 시험을 본 날의 대화이다.

"아빠, 나 받아쓰기 100점 맞았어!"
"우와~ 대박! 100점 맞았어? 최고다, 우리 아들!"

다음은 작은아들이 어린이집 소풍을 다녀온 날의 대화이다.

"아빠, 오늘 소풍 가서 호랑이 봤다!"
"우와~ 대박! 호랑이 봤어? 멋지다, 우리 아들!"

실제 아들과 나눈 대화로, 대학원 코칭 수업에서 배운 백트레킹^{Backtracking} 기법을 적용한 대화이다. 백트레킹이란 상대가 사용한 언어 그대로 복사해서 사용하는 것을 말한다. 다음은 잘못 사용한 예이다.

"아빠, 나 받아쓰기 100점 맞았어!"
"우와~ 대박! 다 맞았네! 최고다, 우리 아들!"
"아빠, 오늘 소풍 가서 호랑이 봤다!"
"우와~ 대박! 무서웠지? 멋지다, 우리 아들!"

물론 이렇게 대화해도 상관은 없다. 그러나 상대의 언어를 그대로 사용하는 것은 평가가 아닌, 있는 그대로를 받아들이는 데에 의미가 있다. 나는 이 기법을 영업에도 적용하며 경험을 쌓아왔다. 그리고 영업력, 협상의 기술, 설득의 기술, 대인 관계 향상 능력, 소통하는 방법뿐 아니라 인생에서 필요한 다양한 기술을 습득하며 매년 성장했다.

여러 해에 걸쳐 크고 작은 배움을 얻으며 깨달은 게 있다. 끊임없이 배우고 적용하며 과정을 이겨내면 꿈이 이루어진다는 것이다. '나는 영업을 배워 본 적이 없는 걸. 영업 고수는 타고나야 해. 대단한 능력도 없는 내가 무슨 영업을 하겠어.'와 같은 마음은 당신의 한계를 규정해 버린다. 해본 일과 해보지 않은 일을 구분하며 마음속에 한계선을 긋는 순간, 해보지 않은 일은 절대 해낼 수 없는 일이 된다. "한번 해보자! 할 수 있다. 하면 된다!"와 같은 말로, 구체적인 목표를 갖고 한 계단씩 올라가 보자. 과정이 순탄치 않을 수 있다. 그러나 결국 원하는 목표를 이룰 수 있을 것이다.

그리고 어차피 목표를 달성하려면, 작은 성공과 실패가 쌓여야 한다. 영업 현장에서의 수많은 성공과 실패는 당신에게 가르침을 줄 것이다. 그래서 영업 현장에서의 경험은 피가 되고 살이 된다. 스티브 잡스는 스탠퍼드 대학 연설에서 이렇게 말했다.

"우리에게는 시간이 한정되어 있습니다. 내가 아닌 삶을 사느라 시간을 낭비하지 마십시오. 가장 중요한 것은 내 마음의 소리와 직관을 따르는 용기입니다. 마음의 소리와 직관은 내가 진짜로 되고 싶어 하는 바를 알려줍니다."

사람이 변화하기 위한 첫 번째 동기는 '인지'라고 한다. 변화의 이유를 아는 단계가 먼저다. 그리고 인지했다면, 지금까지의 당신을 버려야 한다. 새로운 방법을 시도해야 한다. 회사가 시키는 대로, 남이 원하는 대로가 아니라 내가 원하는 대로 살아야 한다. 상황이 안 좋아서, 회사가 마음에 안 들어서, 제품이 좋지 않아서 불평한다고 세상이 변하지 않는다. 영업 현장에서 고객을 만나는 일은, 당신의 주체적 행동이어야 한다. 반드시 기억하길 바란다.
영업 현장에서의 경험은 피가 되고 살이 된다.

만나지 않으면
팔 수 없다

'영업은 우리에게 주어진 최고의 기회이며, 영업은 곧 성장을 의미한다. 영업은 돈을 벌기 위함이 아니라, 어제보다 발전한 나를 만드는 과정이다.'

내가 내리는 영업의 정의다. 그래서 나는 영업을 한다. 영업을 통해 성장했기에 미래가 기대되고, 영업 현장에 있을 수 있어 행복하다. 영원한 건 없다고 한다. 모든 게 순간이고, 오늘은 추억이 된다. 그러나 영원한 게 없다고 인생이 허무한가? 그렇지 않다. 역설적이게도 영원하지 않기에 지금 이 순간이 소중하다. 지금을 충실히, 최선을 다해 살아야 할 이유다.

얼마 전 제조업체 영업 6년 차 후배에게 전화가 왔다. 후배는 대표적인 3D 업종의 영업이라 너무 힘들다고 불평하며, 이직을 고민하고 있었다. 그래서 나는 물어보았다.

"그러면 6년 동안 계속 영업이 힘들었어?"
"그건 아니에요."

이 말을 듣고 나는 후배가 힘든 이유를 3D 업종이라 힘든 게 아니라, 그냥 지금 이 순간이 힘든 시기가 아닌가 싶었다. 우리나라 군부대 중 가장 힘든 부대가 어디인지 아는가? 겨울이 매서운 강원도 철원도 아니고, 최전방 부대도 아니다. 바로 '내가 복무했던 부대'다. 그리고 인생은 가까이서 보면 비극이지만, 멀리서 보면 희극이라는 찰리 채플린의 말처럼, 결국 후배도 힘든 시기 덕분에 단단해지고 성숙할 날이 올 거라 믿었다. 자신을 믿고 격려하자. 매 순간 도전이라는 마음으로 행동하고, 결과가 좋으면 자신을 칭찬하자. 영원한 건 없다. 힘든 과정도 영원할 것 같지만 그렇지 않다. 과정을 이겨내는 사람만이 역사를 만든다.

나도 힘들었던 때가 있다. 포기하고 싶고, 그만두고 싶은 순간이 있었다. 그렇다면 나는 그 순간을 어떻게 이겨냈을까?

영업 현장에서 힘이 들었다면 분명히 원인이 있다. 나는 그 원인을 나에게서 찾았다. '내가 지금 왜 힘들지?'라고 나에게 질문해 진짜 원인을 찾았다.

사실, 대부분의 영업인이 겪는 스트레스 원인을 분석하면 첫째가 상사(내부 고객) 문제, 둘째가 고객(외부 고객) 문제이다. 결국 인간관계가 문제다. 인간은 '사람 인(人)'에 '사이 간(間)' 자를 쓴다. 즉, 사람은 관계없이 살 수 없다. 초등학교 때부터 배우듯이, 사람은 사회적 동물이라 사람 사이의 문제를 피할 수 없다. 그렇게 원인 파악이 끝났다면, 이제 해결할 차례다.

태어나서 세상을 살아가는 전 과정이 영업이라고 했다. 끊임없이 부딪혀야 한다. 문제를 해결하기 위해 취해야 할 행동은? 바로 '만남'이다. 어차피 만나야 할 사람이라면 피할 게 아니라 만나고 봐야 한다. 만나서 바로 문제를 해결하지 못하더라도, 만남은 필요히다.

학창 시절 12년간 한 번도 해본 적 없는 반장을 대학교에 들어가서 해보았다. 과 대표와 학생회장을 맡은 것이다. 막상 해보니 한 반을 리드하고, 학생 전체를 리드하며 대변한다는 게 쉽지 않았다. 그리고 시간이 흐르니 자연스럽게 나를 지지하는 사람과 그렇지 않은 사람으로 나뉘었다. 마음 같아서는 모든 학우와 잘 지내고 싶었지만, 욕심인 걸까? 나는 둘 중 하나를 선택해야 했다. 하나는 나와 호흡이 맞는 사람들하고만 잘 지내는 것, 다른 하나는 나를 탐탁지 않아 하는 사람과도 노력해서 모두와 잘 지내는 것.

물론 두루두루 잘 지내는 게 답이었다. 그러나 이상하게도 모두와 잘 지내려 다가갈수록 그들은 멀어지기만 했다. 그렇다고 그들을 무시하고 독단적으로 결정할 수는 없었다. 일단 문제의 실마리를 풀어야 했다. 그리고 실마리를 풀기 위해서는 싫어도 그들을 만나야 했다. 그렇게 조금씩 문제를 해결해가는 노하우가 생겼다.

그때의 경험을 바탕으로 지금도 영업 현장에서 고객과 우호적인 관계를 쌓고 있다. 시간은 누구에게나 공평하게 24시간이 주어진다. 그 시간 내에 내 시간과 에너지를 어디에 쏟을 것인가에 대한 우선순위를 정하자. 그래야 일이 효율적이다. 영업 현장에서 우선순위를 정하는 방법은 다음과 같다.

첫째, 달성하고 싶은 장기 목표와 단기 목표를 작성한다.
둘째, 작성한 목표 중 가장 중요한 목표 3개를 추린다.
셋째, 3개의 목표를 실현할 계획을 구체적으로 작성한다.

넷째, 언제까지 달성할지 시점을 정한다.

다섯째, 실행한다.

영업 현장에서 사람으로 인해 어려움을 느낀다면, 현장에서 실마리를 찾아야 한다. 그러기 위해서는 우선순위를 정하고, 당신과 문제가 있는 사람을 만나야 한다. 만남 속에 분명히 해답이 있을 것이다. 할 수 있다고 생각하고 현장으로 들어가라. 명심하라. 만날 수 없다면 팔 수 없다.

팔지 말고
사게 하라

24년간 강단에서 한국사를 가르쳐온 설민석 강사의 꿈은 역사 콘텐츠의 대중화라고 한다. 실제로 그의 강의는 무척 재미있어서 인기가 많으며, 학생뿐 아니라 대중에게도 잘 알려졌다. 대중이 그의 강의와 책의 매력에 빠져든 것이다.

영업도 마찬가지다. 영업 현장에서 우리는 고객에게 서비스를 제공해야 한다. 고객의 호기심을 불러일으키고 제품을 사게끔 하는 것이 영업 고수의 능력이다.

국내 제약회사인 S제약에서 일할 때, 나는 대형 소아청소년과 병원을 거래처로 확보하고 싶어 시장조사를 나갔다. 그 병원의 주 고객은 아이들이었는데, 문제는 진료를 보려면 대기 시간이 1시간이나 걸리는 것이었다. 게다가 아픈 아이들은 그 시간을 참지 못했다. 그래서 나는 고객들이 대기하는 시간을 즐길 수 있으면 좋지 않을까 싶어 즉시 제안서를 만들었다. 나에게는 레크리에이션 1급 자격증과 풍선아트 자격증이 있지 않은가! 대기 시간을 즐겁게 해줄 프로그램을 만들어 최종 승인을 받은 뒤, 주말 오전을 이용해 아이들에게 풍선으로 꽃과 칼, 강아지를 만들어주었다. 숨만 쉬어도 더운 여름날, 시원한 음료와 물을 건네는 건 기본이었다.

M제약에서 일할 때도 마찬가지였다. 너무나 바쁜 그들에게 필요한 건 무엇일까를 고민해, 병원 CS 교육을 제안했다. 결과는 성공적이었다. 제안서를 넣은 병원의 70%가 긍정적이었다. 또 외국계 IT 기업에 있을 때는, 우리 제품을 사용하고 싶은데 유통단계에서 단가가 높아져 선뜻 사지 못하는 거래처를 발견하고, 프로모션을 제공했다. 이런 게 주로 내가 하는 일이다. 반드시 시장조사를 해야지만 알 수 있는 내용이다.

그리고 모든 업종이 그렇지만, 고객은 이미 우리 제품과 유사한 제품을 사용하고 있다. 그런데 처음 보는 영업 사원이 와서 자신의 제품을 사달라고 한다고 생각해보라. 고객은 당연히 '아, 또 뭘 팔러 왔구나. 바빠 죽겠는데, 귀찮네.'라고 생각하며, 자신의 소중한 시간을 영업 사원에게 내주지 않을 것이다. 게다가 쭈뼛 쭈뼛하며 자신 없는 목소리로 다가와 제품을 설명하는 영업 사원이라면? 본인은 열심히 영업 중이라고 생각할지 모르겠지만, 사실 그건 영업이 아니다. 이렇게 영업하는 사람이 많아 안타까울 뿐이다.

소아청소년과에서 대기 환자들을 즐겁게 해주고, 대형 병원에 병원 CS 교육을 해주고, 조금 더 합리적인 가격에 우리 제품을 구매할 수 있도록 했던 내 행동은 제품을 팔기 위한 게 아니라 '나는 당신에게 도움이 되는 사람입니다'라는 어필이었다. 장기적으로는 물건을 팔기 위함이나 지금 당장 사지 않아도 괜찮다는 뜻이며, 제품을 소개할 타이밍을 만드는 과정이었다. 기회가 오면 잡을 수 있게 준비하자.

지금까지 영업을 하며 고객에게 들은 말 중 인상 깊은 몇 가지이다.

"태호 씨, 앞으로 계속 우리 병원을 맡아주세요."

"제가 병원을 경영하면서 이렇게 접근하는 담당자는 처음 봅니다. 앞으로 잘 부탁드립니다."

"제 친한 후배 병원에 소개해드리고 싶네요. 시간 되시면 한 번 방문해주세요."

단언컨대 지금껏 영업하면서 고객에게 "제발 저희 제품 좀 써 주세요. 도와주세요."라고 말한 적이 없다. 만약 제품을 팔기 위 한 목적으로만 영업했다면 지금쯤 나는 실적 압박으로 퇴사했을 지도 모르겠다. 내 성공 비결은 남과 다르게 생각하고, 말하고, 행 동한 것이다. 내 강점을 활용해 제안서를 쓰고, 적극적으로 실행 했다. 그러니 성과가 빠르게 났다. 당신도 성과를 내고 싶은가? 제품을 팔기 위해 애쓰지 마라.

나는 지금도 리더십과 코칭을 배우고 있다. 배울수록 어렵지 만, 고객이 나를 찾게 하기 위해 꼭 필요한 기술이라 믿고 있다. 내가 능력 있고, 매력이 있다면 고객이 먼저 나를 찾을 것이다. 내 제품에 고객이 호기심을 갖고 질문하는 순간은 반드시 온다.

나중에 NLP^{Neuro-Linguistic Programming, 신경-언어 프로그래밍}에 대해서도 배워 볼 생각이다. 고객에게 도움을 줄 수 있는 학문이라 생각하기 때 문이다. 영업은 인생이고, 인생은 영업이다. 그러므로 내가 관심 을 두고 배우는 모든 학문은 내 고객에게 도움이 될 것이다. 즉, 영업 고수의 무기는 '어떻게 하면 고객에게 도움을 줄 수 있는 지를 고민하고 해결해주는 능력'이다. 고객의 마음이 열리지 않은 단계에서 당신이 담당하는 제품이 얼마나 좋은지, 경쟁사 제품보다 얼마나 잘 팔리고 우수한지 설명을 늘어놓지 마라. 해보고 싶다면 해보아도 좋다. 물론, 그 고객과의 두 번째 만남은 없을 것이다.

내일부터는 제품을 설명하고 판매하는 영업 사원이 아닌, 컨설턴트가 되어라. 시장조사를 통해 고객의 고민을 발견하고, 해결책을 제안하라. 당당하고 자신감 있는 모습을 보여라. 고객의 마음을 열고, 기회가 왔을 때 팔아도 늦지 않다.

열심히 하면
성공한다고?

20대 초반부터 영업을 시작했다. 그리고 다행히 지금도 행복하게 영업을 하고 있다. 그러나 나에게도 영업을 그만두고 싶을 만큼 힘들었던 순간이 두 번 있었다. 첫 번째는 S제약 입사 후 3개월 차였을 때다. 매일 호되게 공부하는 와중에, 나는 새벽까지 술도 마셔야 했다. 술 때문에 너무 힘들었다.

두 번째는 M제약으로의 이직 후 1년간이었다. 도저히 실적이 나오지 않았다. 직무는 의학 담당자Medical Representative에서 전문 영업 담당자Professional Sales Representative로 변경되었지만, 사실 업무 내용은 동일했다. 이전 회사에서처럼 똑같이 새벽에 일어나 제품을 공부하고, 가장 먼저 출근했으며, 고객 관리에 집중했다. 그날그날 해야할 일을 리스트로 만들어 실행하고, 늦게까지 일하기도 했다. 정말 누구보다 열심히 일했다고 자부한다. 그러나 3개월, 6개월, 1년이 지나도 실적이 나지 않았다. 도대체 왜? 의문이 들었다. 나는 멘토를 찾아가 물었다.

"선배님, 정말 이상합니다. 성과가 안 나요. 뭐가 문제일까요?"
"너무 급한 거 아니야? 왜 그렇게 생각해?"
"저는 지금껏 실적을 잘 냈어요. 그런데 이번에는 열심히 해도 결과가 안 나와요. 이유를 모르겠어요."

멘토는 두 가지를 조언했다. 첫째는 열심히 일하기보다 전략적으로 일하는 것이다. 영업은 노력에서 시작하는 게 아니라, 차별성에서 시작된다는 말이 있다. 우리는 노동의 대가로 월급과 인센티브를 받는다. 일한 만큼, 그리고 그 이상의 보상을 받으려면 조금 더 현명해져야 한다는 이야기였다. 둘째는 타깃을 다시 확인하라는 것이다. 열심히 하는 건 기본이고, 누구에게 열심히 해야 하는가를 살펴보라고 했다. 즉, 어느 방향으로 전략적으로 하는지를 확인할 필요가 있었다. 나는 멘토의 조언을 바탕으로 다시 붙었다.

"내 시간과 에너지를 누구에게 집중할 것인가?"

"결과를 만들기 위해 지금 당장 할 수 있는 것은 무엇인가?"

영업을 시작할 때만 해도 열심히 하면 다 된다고 생각했다. 그만큼 패기와 열정이 있었다. 그러나 시간이 지나고 보니 꼭 열심히 한다고 성공하는 건 아니었다. 사실 열심히 일하지 않는 영업인은 없지 않은가.

간혹 같이 시작해도 성과가 잘 나지 않는 영업인이 있는 반면, 빠르게 성과를 내고 원하는 회사로 이직까지 하는 영업인이 있다. 두 사람의 차이는 무엇일까? 왜 비슷한 경력인데도 누구는 성과가 나지 않고, 누구는 성과가 빠르게 나는 걸까?

사실 성과가 잘 나오는 데도 이유가 있고, 성과가 없는 데도 이유는 있다. 일단 성과가 나지 않는다면 그 원인, 즉 문제점을 파악해야 한다. 그러나 문제점을 파악하는 것도 능력이다. 문제를 파악하지 못하는 영업인은 행동이 엉뚱한 방향으로 흐른다. 그것도 아주 열심히.

구체적으로 설명하면 이렇다. A병원 의사는 당신과 잠깐이지만 시간도 보내고, 제품 설명도 잘 들어준다. 그래서 A병원에 더 집중해서 영업을 했다. 그러나 B병원의 의사는 제품 설명을 잘 들어주지 않음에도 이상하게 매출은 더 높았다. 왜일까? 당신이 그 이유를 잘 파악했다면, B병원에 내원하는 환자가 압도적으로 많다는 걸 알았을 것이다. 당신은 B병원에 더 집중했어야 한다.

주변을 둘러보자. 현장에서 고객을 만나기 위해 당신 옆에 있는 경쟁사 영업 직원을 보라. 얼마나 열심히 하는가? 사실 영업뿐 아니라, 인생에서 성공한 사람의 이야기를 보면 무조건 열심히 하라는 경우가 있다. 그래서 나도 열심히 하면 그들처럼 되리라 생각해 미친 듯이 열심히 했다. 그러나 세상이 바뀌었다. 더는 옛날처럼 열심히만 해서는 안 된다.

성공하고 싶다면, 어디에 내 시간과 에너지를 쏟을지 명확하게 하자. 그리고 고객이 필요로 하는 게 무엇인지 생각하고, 나만의 차별화한 방법으로 전달하자. 당신은 옆에 있는 경쟁사 직원보다 매력적이어야 한다. 그래야 고객이 당신의 말에 귀 기울일 것이다.

인생은
영업의 연속이다

제품을 판매하는 것만이 영업이 아니다. 태어나 세상에서 관계 맺고, 관계를 통해 성장하는 모든 과정이 영업이다. 자신의 분야에서 목표 달성을 위한 모든 과정이 영업이다. 그래서 좋든 싫든 전문적으로 영업을 배우면 인생에 도움이 된다. 회사에서 월급을 받으며 영업을 배우면 행운이지만, 또 돈을 주고 영업에 대한 강의를 듣고 책을 읽는 것만으로도 도움이 될 것이다.

나는 전문 영업인으로서 나만의 영업 방식을 갖고 싶었다. 그래서 나만의 '영업의 정석을 위한 선언문'을 만들었다.

- 매 순간 최선을 다하기
- 진심으로 고객의 말을 경청하기
- 뚜렷한 목표 설정하기
- 자신감을 갖고 당당하게 영업하기
- 자기 관리와 시간 관리를 철저히 하기
- 나만의 영업 프로그램을 만들기
- 영업 컨설턴트가 되기
- 전국 영업 일등하기

그리고 이 리스트는 계속 수정, 보완되고 있다. 이미 모든 것을 이룬 지금의 목표는 더 크다.

- 영업 코칭 프로그램 만들기
- 전문 코치 자격(KAC, KPC) 취득하기
- 리더십, 영업 코칭 관련 책 집필하기
- 세계적인 영업 코치되기
- 세일즈 코칭 시스템 만들기
- 영업 동기 부여 시스템 만들기
- 심리학 도서 100권 정독하기

방향 없는 속도는
힘만 빠진다

팀원 간의 관계, 부서 간의 관계, 협력사와의 관계, 고객과의 관계, 개인적인 관계 등 어떤 조직이든 관계가 중요하다. 결국 사람이 하는 일이기 때문이다.

영업의 길은 '강인한 정신력'과 '체력'이 없으면 살아남을 수 없다. 그런데도 불평과 불만만 가득한 영업인이 있다. 비교적 시간을 자유롭게 쓸 수 있는 근무 환경 탓에 카페 같은 곳에서 멍하니 시간을 보내다가 하루를 흘려보내는 영업인도 있다. 당장 변화하지 않으면 어떤 관계로 만들지 못하며, 버틸 수 없다.

드라마 〈이태원 클라쓰〉에 보면, 이태원이라는 무대가 인생의 축소판처럼 느껴진다. 그곳에서 박새로이(박서준 분)는 "제 삶의 주체가 저인 게 당연한, 소신에 대가가 없는 그런 삶을 살고 싶습니다."라고 말한다. 그 말에 나의 소신과 행동에 대해 생각해보았다. 앞으로 어디로 나아가야 할지 고민해보았다.

나 또한 다소 어려운 일이 닥치더라도 편한 길을 선택하지 않았다. 소신이 있었기 때문이다. 고집이고 객기로 보일 수 있지만 나는 그리 했다. 박새로이처럼 명확한 소신과 목표를 향해, 시간이 걸리더라도 당당하게 앞으로 나아가는 태도와 정신이 중요하다. 영업인이 반드시 배워야 할 덕목이다. 영업은 선택하고, 선택한 일에 대한 과정을 밟으며 결과를 내야 한다. 혼자가 아닌 사람과의 관계 속에서 말이다.

사람은 명확한 목표가 있는 사람과 대충 사는 사람으로 나뉜다. 당신은 어떤 사람인가? 목표가 있는 사람의 눈빛은 이글거리는 태양처럼 강렬하다. 사람을 대하는 태도가 남다르고, 대화법과 마인드는 특별하다. 그들은 정직하며, 매 순간 진실하다. 긍정적이고 사람을 존중한다. 그리고 무엇보다 자신을 소중히 대한다.

사람과 관계를 맺으며 그 속에서 목표를 이루는 과정은 쉽지 않다. 그러나 나는 이루었다. 지레 겁먹지 마라. 그럴 필요가 전혀 없다. 우리는 할 수 있다. 하면 된다. 해보자! 인생은 영업의 연속이다.

"

성공 확률을 10배 올리는
영업의 기술

"

신발은
거짓말하지 않는다

"신발은 거짓말하지 않는다."

IT 기업에서 나의 보스가 해준 말이다. 보스는 성과도 좋았고, 내면이 단단한 사람이었다. 나도 영업 13년 차로, 지금도 새로운 분야에 도전하고 적응하며 성장하고 있다.

보스와의 첫 만남을 통해 내 20대 초반의 모습을 되돌아볼 수 있었다. 잘나가던 회사를 그만둔 건 강사의 꿈을 이루기 위해서 만은 아니었다. 존경하는 고 구본형 선생님의 책《익숙한 것과의 결별》이라는 책의 제목처럼, 나를 시험해보고 싶었다. 그리고 매니저로서의 경험을 쌓고 싶었다. 비즈니스는 기본, 사람을 관리하는 능력을 배우고 싶었다.

보스를 보고는 을의 방식으로 영업해오던 스타일을 벗기로 했다. 신입 사원의 자세로 임했다. 궁금한 게 있으면 나보다 어린 직원들에게도 묻고 또 물으며, 최대한 빨리 업무를 파악하기 위해 노력했다. 그리고 전국의 거래처를 돌며, 대표들을 만나 무조건 들었다. 그들의 이야기를 놓치지 않기 위해 경청하고 메모했다.

보스는 나의 귀인이다. 그를 만나 진정한 갑의 영업을 배울 수 있었다. 새로운 영업 방식은 늘 나를 설레게 한다. 도전, 시작, 배움을 통한 성장을 기대할 수 있기 때문이다. 나는 IT 기업에 입사해서 OJT^{On the job training} 교육을 받은 후, 보스에게 실전을 익힐 수 있었다. 우선 나는 전국에 있는 거래처에 대한 이해가 필요했다. 책상에 앉아 익혀도 되지만, 나는 보스에게 보고한 뒤 거래처 대표들을 순차적으로 미팅했다. 물론, 입사한 지 얼마 안 된 터라 모든 게 어색하고 낯설었다. 그러나 나는 현장에서만큼은 프로다. 나는 그들의 이야기에 귀 기울이고 맞장구치고, 메모했다. 우리 제품을 쓰며 불편한 게 있는지, 현재 매출 증대를 위해 무엇이 필요한지, 제품에 대한 문의 사항이 있는지를 묻고 대답을 들었다. 그러다 보니 앞으로 내가 무엇을 해야 할지 방향이 보이기 시작했다. 이후 나는 시장조사 내용을 바탕으로 방향성과 아이디어를 첨부한 보고서를 완성했다.

어떤 분야든 업무를 파악하려면 현장을 나가야 한다. 현장을 많이 다닐수록 답이 보인다. IT 기업에서 내가 하는 일은 바로 이 것이다. 거래처 대표를 만나 그들의 이야기를 듣고, 개선하는 일 말이다. 때로는 거래처 실무자 교육을 기획하기도 하고, 직접 시연도 한다. 필요하면 매장 디스플레이와 행사 프로모션을 기획하고 연출하기도 한다. 현장을 모르면 할 수 없는 일이다.

"대표님, 안녕하세요. ○○○코리아 실무자 권태호입니다. 저희 제품 운영하시면서 도움이 필요한 부분은 없으신지요. 시장조사 차 방문 드렸습니다."

"대표님, 안녕하세요. ○○○코리아 실무자 권태호입니다. 저희 제품 운영하시면서 불편한 사항은 없는지 시장조사 차 방문 드렸습니다."

3개월간은 실적보다 일단 고객을 만나 이야기를 듣는 데에 중점을 뒀다. 그리고 앞으로 방향성을 파악했다. 절대 책상에 앉아서는 배울 수 없는 부분이다.

'코이'라는 물고기가 있다. 이 물고기는 어항에 넣어두면 7cm 정도 자라는데, 조금 더 넓은 수족관에 넣어두면 14cm 정도로 자란다. 환경에 따라 몸의 크기가 달라지는 것이다. 영업은 타 업종에 비해 자유롭다. 대신 자기 관리와 시간 관리가 뒤따르지 않으면 안 되는 업종이기도 하다. 누구보다 주도적이고, 주체적으로 생각하고 행동해야 한다. 영업인이라면 지금 있는 어항에서 더 큰 수족관으로, 그리고 강으로, 바다로 나아가야 한다. 용기 있게 자신이 처한 환경을 뛰어넘는다면 더 큰 결과물을 얻을 수 있다. 안주하며 어제와 같은 오늘을 살지 마라. 작은 물고기가 될 것인가, 대어로 성장할 것인가는 당신의 선택에 달렸다. 당신의 상황을 정확히 파악하라. 당신은 왜 영업을 하고 있는가? 무엇을 할 것인가? 어떻게 할 것인가? 끊임없이 자신에게 묻고 당신을 일으켜 세워야 한다.

S제약에서 일할 때, 회사에서 전 영업 사원에게 PDA 단말기를 지급했다. 거래처에서 바로바로 메시지를 전달할 수 있도록 편의를 제공하기 위함이라고 했지만, 영업 사원들은 그리 생각하지 않았다. 매시간 나를 감시하는 족쇄처럼 느꼈다. 단말기를 통해 내 위치가 고스란히 노출되고, 영업 활동을 하는지 안 하는지 그대로 보고되었다. 단말기는 관리자의 감시 기기 그 이상도 이하

도 아니었다. 그리고 지금은 모바일 오피스 환경이 구축되어 스마트 기기로 변경되었다.

그러나 기업 문화는 수평적인 구조로 변화하는 추세이다. 그리고 영업은 회사가 시키는 일만 해서는 살아남을 수 없는 구조이다. 관리자의 눈을 피해 상사를 속이고, 자신을 합리화해서는 안 된다. 그러는 순간, 당신은 신의를 잃고 자신을 잃을 것이다. 당신이 영업 현장을 발로 뛰는 것은 회사가 아니라 당신을 위한 일이어야 한다. 사람은 거짓말하더라도 신발은 거짓말하지 않는다.

질문은
선택이 아니라 필수다

'훌륭한 결과는 훌륭한 질문에서 나온다Great Results from A Great Question' 라는 말이 있다. 그만큼 질문은 중요하며, 영업 현장에서도 마찬 가지다. 사실 옛날에는 고객이 제품에 대해 알기 위해서는 영업 사원이 반드시 필요했다. 그러나 지금은 그렇지 않다. 얼마든지 인터넷으로 제품의 스펙에 대한 정보를 얻을 수 있기 때문이다. 그러므로 지금 영업 사원이 할 일은 고객에게 왜 필요한 제품인 지, 구매 동기를 알려주는 것이다. 그런 의미에서 다음 질문의 이 유는 매우 중요하다.

첫째, 질문하면 답이 나온다.

둘째, 질문은 고객의 마음을 자극한다.

셋째, 질문하면 정보를 얻을 수 있다.

넷째, 질문하면 대화의 방향을 만들 수 있다.

다섯째, 질문은 고객의 마음을 연다.

여섯째, 질문은 귀 기울이게 한다.

일곱째, 질문을 받으면 설득이 된다.

최근에 한 제약회사에서 질문과 경청에 대한 교육을 진행했다. 다음은 강의 자료에 첨부한 질문에 대한 내용 중 일부다. 당신도 아래 질문에 대한 답을 해보길 바란다.

◦ 지난 6개월간 개선된 점은 무엇입니까?

◦ 당신의 걱정거리 하나를 덜 수 있다면 무엇이 좋겠습니까?

◦ 당신의 최대 장점은 무엇입니까?

◦ 당신의 권한 내에서 바꾸고 싶은 게 있다면 무엇입니까?

◦ 당신이 속한 팀의 장점은 무엇입니까?

◦ 당신의 팀이 한 단계 성장하기 위해 무엇이 필요합니까?

◦ 당신의 팀이 가진 최고 자산은 무엇입니까?

◦ 당신이 이룬 것을 생각할 때, 스스로를 어떻게 인정합니까?

나는 위 질문을 '강력한 질문'이라고 부른다. 강력한 질문은 고객 스스로 문제를 명확히 인지하게 하고, 참신한 생각을 하도록 자극해 통찰하게 하고, 혁신적인 방법을 찾도록 한다. 그리고 호기심을 유발한다.

신입 사원을 대상으로 업무에 빠르게 적응할 수 있도록 하는 멘토링 교육을 담당한 적이 있다. 그중 J사원이 눈에 띄었는데, 밝은 성격과 열심히 일하는 모습이 인상적이었다. 아침부터 저녁까지 현장을 누볐다. 그러나 일하는 양에 비해 결과가 만족스럽지 않았다. 어느 날, J사원은 나에게 상담을 요청했다.

"선배님, 열심히 하는데도 고객 반응이 별로예요."

"그렇게 생각한 계기가 있어?"

"고객을 만나서 제품 설명을 열심히 하는데 반응이 없어요. 걱정이에요."

"나를 고객이라고 생각하고 롤 플레이 한 번 해보자. 시작!"

"저희 제품의 장점은 ~입니다. 그리고 또 다른 장점은(…중략…)입니다."

"응, 잘 들었어. 해보니 기분이 어때?"

"모르겠어요. 저는 제품 설명을 충실히 한 것 같아요."

"그렇다면 고객의 기분은 어땠을까?"

"제품에 대한 설명을 잘 들었고, 이해했을 것 같아요."

"좋아. 그러면 너의 설명을 듣고, 질문을 한 고객이 있었니?"

"질문이오? 아니요."

"그러면 너는 고객의 상황을 알고 있는 거야? 우리 제품이 왜 필요한지, 무엇을 원하는지 알고 있니?"

"아니요. 잘 모르겠어요."

나는 J사원에게 이렇게 이야기해주었다.

"영업은 한 번의 만남으로 결과가 나오는 게 아니야. 조급해할 필요 없어. 특히 대형 거래처는 시간과 노력이 필요해. 고객과 신뢰를 쌓기 위한 공을 들일 필요가 있어. 그리고 고객에게 설명이 아닌, 질문을 해야 해. 하루에 수십 명의 경쟁사 직원들이 다녀가는데, 고객들이 그걸 일일이 기억할까? 가장 중요한 건 고객의 니즈를 파악하는 거야. 고객의 욕구를 알아내기 위해서는 신뢰가 중요하고. 신뢰를 쌓으려면 네가 말을 많이 하는 게 아니라, 고객의 말을 잘 들어야 해. 질문하려고 노력해 봐."

질문은 고객의 정보를 알아내고 발견해가는 과정이다. 그리고 위에서 말한 '강력한 질문'은 간결하고, 명료하며, 비판적이지 않다. 의도가 있으며, 방향성을 갖고 있다. 이런 질문은 고객의 마음을 여는 데 매우 효과적이다. 질문 방법도 중요하다. 닫힌 질문 vs 열린 질문, 부정 질문 vs 긍정 질문을 알아보자.

닫힌 질문	열린 질문
시도라도 해보셨나요?	어떤 시도를 해보셨나요?
하실 수 있겠어요?	어떤 식으로 하실 건가요?

닫힌 질문은 대답을 Yes, No로만 답하게 한다. 그러나 열린 질문은 생각을 자유롭게 촉진한다.

부정 질문	긍정 질문
이렇게 하면 안 되겠어요?	어떻게 하면 되겠어요?
목표 달성이 어렵겠지요?	어떻게 하면 목표를 달성할 수 있나요?

부정 질문은 고객의 마음을 움직이기 힘들다. 그러나 긍정 질문은 마음을 움직인다. 당신은 열린 질문과 긍정 질문을 통해 고객의 마음을 열고, 속마음을 간파해야 한다. 그래야 소통할 수 있다. 제대로 한 질문은 당신에게 최고의 결과를 선물할 것이다.

영업 고수는
어디에나 있다

    내 첫 책《거절에 대처하는 영업자의 대화법》출간 이후, 다양한 업계에서 강연 요청을 받았다. 꿈에도 그리던 강사가 되었으므로, 나는 그간 현장에서의 경험을 바탕으로 정성스럽게 강연을 준비했다.

    당신의 목표는 무엇인가? 목표가 소속되어 있는 회사의 임원이 되는 게 아니라면, 꿈 너머 꿈을 지금부터 준비해야 한다. 하루아침에 되는 건 없다. 지금부터 서서히 목표를 설정하고, 계획을 세워야 한다. 그리고 계속 수정하고 보완하며 꿈을 이루어나가야 한다. 나는 그간의 경험을 바탕으로 '실전 영업 프로세스 7

단계'를 만들었다.

1단계	3개월간 제품 공부에 매진하라
2단계	동료들과 우호적인 관계를 만들어라 (예)동호회 참석
3단계	현재 소속한 회사의 히트맨(TOP Performer)을 떠올려라
4단계	히트맨을 직접 만나라
5단계	히트맨을 벤치마킹하라
6단계	나만의 아이디어를 더해 적용하라
7단계	3~6단계를 반복하라

영업 성공을 위한 누구나 아는 내용이다. 특히 1~2단계는 영업인이라면 모두 실행한다. 그러나 누구나 하는 일로 차별화할 수는 없으므로 여기까지만 실행한다면 영업 하수이다. 3~4단계까지 하는 영업인도 종종 있다. 이는 영업 중수이다. 나도 S제약에서 일할 때 영업 일등을 하는 선배를 만나 벤치마킹하며, 책과 강연을 듣고 세미나에 참석하며 나만의 노하우를 적용했다.

그리고 1~7단계를 모두 운용하는 사람은 영업 고수이다. 눈을 감고 생각해보자. 현재 당신의 조직에서 가장 영업을 잘하는 사람이 누구인가? 그를 만나기 위해 노력한 적이 있는가? 없다면 바로 연락해서 함께 커피라도 한잔 마셔라. 어렵게 생각할 것 없다. 그를 만나 노하우를 배우고, 거기에 당신의 아이디어를 더해 영업 현장에 적용해보라. 이때부터가 진짜다. 영업을 어떻게 해야 하는지 보일 것이다. 그리고 곧 성과가 날 것이다.

첫 책을 출간하고, 출간기념회부터 모두 나 혼자 준비해야 했다. 정말 신경 쓰이고, 준비할 게 많았다. 그중 제일 고민인 건 장소 선정이었다. 대관료는 대부분 2시간에 50~60만 원 선이었는데, 가서 보면 딱히 마음에 들지도 않았다. 그러다가 새로 오픈한 패밀리 레스토랑을 알게 되었다. 홀 내부에 130석 정도의 소강당이 있었는데, 소극장 느낌이어서 따뜻했다. 한눈에 마음에 들었다. 대관료는 50만 원이었다. 그리고 점장에게 레스토랑 홍보와 마케팅이라는 고민이 있음을 알았다. 나는 일단 점장과의 미팅을 잡았다.

"점장님, 안녕하세요. 권태호 강사입니다. 출간기념회를 하고 싶은데 대관료가 많이 부담됩니다. 할인 가능할까요?"
"죄송하지만 그건 어렵습니다."
"알겠습니다. 저도 더 알아보고 연락드리겠습니다."

이후 나는 가족들과 식사할 겸 레스토랑을 찾았다. 음식도 맛있고, 직원 서비스도 훌륭했다. 다시 점장과 미팅을 잡았다.

"점장님, 안녕하세요. 얼마 전 가족들과 식사를 했는데 정말 맛있었어요. 직원 분들도 친절하시고요."

"네, 감사합니다."

"점장님, 이렇게 하면 어떨까요? 이번에 제 출간기념회에 약 100분 정도가 오십니다. 강원도와 제주도 등 전국 각지에서요. 대부분이 SNS를 하시고, 파워블로거세요. 그분들께서 직접 매장 정보와 분위기를 포스팅하면, 홍보와 마케팅이 될 거예요. 대신 대관료를 10만 원에 해주시면 좋겠습니다."

"네, 그렇게 해드리겠습니다."

그렇게 나는 할인된 가격으로 레스토랑에서 출간기념회를 열 수 있었다. 사전 조사로 음식도 맛있고, 서비스가 좋은 걸 알고, 점장의 고민도 해결해줄 수 있었다. 그리고 실제로 120여 명이 와서 홍보 효과를 톡톡히 줄 수 있었다.

이게 바로 성공적인 영업이다. 주변에 영업 잘하는 사람은 정말 많다. 그들과 경쟁하기 위해서는 차별화한 방법과 스타일로 고객을 사로잡을 수 있어야 한다. 내가 책을 내고, 강사가 된 이유 중 하나는 이들과 차별화하고 싶었기 때문이다. 실제로 내 주변에는 영업 고수는 있지만, 책을 출간하고 강연까지 하는 사례는 드물다.

남과의 차별성은 매우 중요하다. 성공을 꿈꾸면서 남과 유사한 방식으로 계획 없이 영업을 하는 사람이 있는데, 이들은 절대로 성공할 수 없다.

 당신은 영업을 처음 시작할 때, 무엇을 다짐했는가? 명심하라. 영업 고수는 당신 주변, 어디에나 있다. 그들을 뛰어넘기 위해서는 차별화한 스타일로 당신만의 영업을 해야 한다.

코칭으로
영업을 무장하라

　대학원에서 코칭을 배우고 영업 현장에 적용해보았다. 그랬더니 많은 사람이 나의 말과 행동, 태도를 특별하게 보기 시작했다. 나는 코칭과 관련한 자격증 취득은 물론, 관련 세미나에 참석해 배움을 이어나갔다. 그렇게 코칭의 매력에 빠져들었고, 수강생들은 나를 영업 코치라고 부르기도 한다.

　2008년 추운 겨울날, 강사의 꿈을 안고 입사한 기업교육 회사에서 코칭을 처음으로 접했다. 당시에는 낯설어 '뭐 이런 대화가 다 있어?'라고 생각했다. 그러다가 국민대학교 경영 대학원의 리더십과 코칭 MBA 석사 과정을 밟으며 코칭을 전문적으로 배우기 시작했다.

국제코치연맹[ICF] 윤리 강령 제1부 코칭의 정의를 보면, '코칭이란 고객의 개인적, 직업적 잠재력을 극대화하도록 영감을 주고, 창조적인 과정의 파트너가 되어주는 것'으로, 코치는 다음과 같은 역할을 한다.

- 고객의 목표 설정을 돕고, 그 목표를 달성하도록 협력한다.
- 고객에게 목표보다 더 많은 행동을 요청한다.
- 고객이 신속하게 결과를 생산하는 데에 초점을 둔다.
- 고객에게 성취도를 높일 수 있는 도구, 지원, 구조를 제공한다.

영업 현장에서 고객을 만나며, 코칭은 영업인에게 성과 창출을 위한 필수적인 학문임을 느낀다. 그렇다면 구체적으로 코칭은 왜 필요할까?

21세기는 지식 정보사회이며, 오늘날은 '4차 산업혁명'의 시대다. 그리고 4차 산업혁명은 정보통신 기술의 융합이라 할 수 있다. 그러나 인공지능과 로봇공학이 발달해도 '사람'이라는 핵심 가치는 변하지 않는다. 조직은 수직 구조에서 수평 구조로 바뀌어나가며, 리더는 각 분야의 전문성을 갖추게 된다. 관료주의와 권위주의는 퇴색하고 파트너십, 자발성, 다양성, 창의성이 중요해진다. 그리고 매니지먼트에서 임파워먼트^{Empowerment}로, 해답 보유는 상사가 아닌 부하가 갖도록 변화한다. 코칭이 필요한 이유이다. 천장에 있는 전구를 교체해야 하는 상황이 있다고 가정해보자.

A: 야, 사다리 가지고 와!

B: 전구 교체해야 하는데 뭐가 필요하니?

두 사람의 차이를 알겠는가?

코칭의 핵심 요소는 의식과 책임이다. '의식'은 상황을 주의 깊게 성찰해 인식할 수 있을 때 배양되며, '책임'은 생각과 행동에 대한 의무를 진정으로 받아들일 때 배양된다. 그리고 코칭은 주의를 기울이고 집중하도록 하여 의식을 끌어올리고, 책임감을 증가시키는 것을 목표로 한다.

코칭을 배우면서 위기 대처 능력과 사람을 대하는 관점이 바뀌었다. 고객이나 거래처에 문제가 발생했을 때 어떻게 처리해야 효율적일지 명확하게 보였다. 내가 생각하는 코칭의 매력은 다음과 같다.

- 스스로 해결 방안을 강구하게 한다.
- 나의 잠재 능력과 가능성을 발견한다.
- 나의 행동에 초점을 둔다.
- 행동 실행에 대한 의지가 강해진다.

코칭이란 상대가 바라는 목표를 향해 자발적인 행동을 촉진하는 커뮤니케이션 수단이며, 목표를 갖게끔 인도하는 리더십 기법이다. 그러나 실제 영업 현장에서는 이를 코칭, 티칭, 멘토링, 컨설팅이라는 용어로 뒤죽박죽 사용되고 있는 실정이다. 제대로 아는 사람이 없기 때문이다. 이 중 현장에서 가장 많이 혼동해 쓰고 있는 코칭과 멘토링의 차이점을 설명하겠다.

우선 멘토링은 경험이나 지식이 풍부한 사람의 조언을 통해 실력을 끌어올리는 기법이다. 최근 비즈니스 분야에 활용되며 더 구조화되었는데, 멘토와 멘티 사이가 수직적이라는 게 핵심이다. 상호 간의 인격적 개입이 더 깊숙이 일어난다.

그리고 코칭의 핵심은 멘토링과 달리 수평적이라는 것이다. 파트너십이 중요하다. 깊숙한 인격적 개입이 아닌 조력자의 모습으로, 코치 받는 사람이 자신의 결정에 책임을 지고 수행하도록 한다.

코칭에는 11가지 핵심 역량이 존재한다. 그중 효과적인 의사 소통을 위해 영업인들이 반드시 배우고 적용해야 할 부분은 다음과 같다.

첫째, 적극적으로 경청Active Listening하라. 상대의 말을 듣고 감정과 의도, 욕구를 파악하며, 상대를 판단하지 말고, 공감하자. 빙산에서 수면 위로 보이는 부분은 우리에게 말로써 들리는 부분이다. 그러나 수면 아래의 보이지 않는 부분에 상대가 진짜로 말하고자 하는 게 있다. 경청으로 수면 아래에 있는 상대의 욕구를 읽을 줄 알아야 한다.

둘째, 강력한 질문을 던져라. 앞서 말한 강력한 질문으로 상대의 생각을 자극하고, 호기심을 유발해야 한다.

셋째, 직접적으로 커뮤니케이션해라. 말 그대로 효과적으로 소통할 수 있는 능력이다. 이는 경청과 질문을 잘 배워야 활용할 수 있다.

적극적 경청, 강력한 질문, 직접적인 커뮤니케이션 이 세 가지는 영업인들의 성과와 목표 달성에 기여하는 주요 요소이다. 우리가 코칭을 제대로 배워야 하는 이유다.

나는 앞으로 영업 코칭에 대한 도서를 집필할 생각이다. 가르치면서 배우는 게 가장 효과적인 배움이라는 걸 알기에 지금부터 준비하고 있다.

코칭이 중요한 시대가 왔다. 코칭에 대한 건 들어봤지만, 제대로 배운 적이 없다면 도전하라. 말을 잘하는 게 얼마나 중요한지, 상대의 이야기를 듣는 게 얼마나 중요한지 알아야 한다. 당신을 성숙하게 할 것이다. 나 또한 대학원에서 코칭을 공부하고 자격증을 준비하며 한 단계 성숙할 수 있었다. 코칭은 당신을 영업의 고수로 만들어줄 것이며, 당신을 빛나게 할 것이다.

성공하는 법
vs
실패하는 법

사람은 누구나 성공하고 싶어 한다. 나도 성공에 대한 욕구가 강하다. 과거에는 성공하는 방법이 무척 궁금했다. 그러나 지금은 어떻게 해야 성공할 수 있는지 알고 있다. 행복하고 감사한 일이다.

2009년 7월 '청년 취업 프로젝트'에 참여해 신문에 소개된 적이 있다. 당시 청년 취업 프로젝트는 취업을 준비하는 모든 사람이 대상이었다. 희망하는 직장의 연봉 수준에 대해서도 알 수 있고, 학점, 외국어 능력, 봉사활동 경력 등 내 스펙을 인사 담당자에게 평가받을 수 있는 귀한 시간이었다. 그뿐만 아니라 내 이력서와 자기소개서를 통해 취업 컨설팅까지 받을 수 있었다. 다음은 기사 내용 중 일부분이다.

「그는 자신을 '누구보다 열심히 살아온 사람'이라고 소개했다. 국제 바텐더 자격증, 레크리에이션 지도자 자격증, 웃음치료사 자격증, 리더십 지도자 자격증… 이력서를 가득 채운 22개의 자격증이 그의 소개를 뒷받침한다. 그는 "끊임없이 도전하고 싶었다."고 말했다. 그의 20대는 도전의 연속이었다. 고등학교를 졸업하고 대전 YMCA에서 레크리에이션 강사로 활동했다. 사람들에게 웃음을 전해주고 싶었기 때문이었다. 우송정보대학 관광경영 학부를 졸업하고, 한국기술교육대 산업경영학부 3학년으로 편입했다. 그는 "공모전에 도전하고 싶었는데 지원 자격이 대학 3학년 이상이었기 때문"이라고 설명했다. 대전시청에서 시티투어 가이드로 일했고, 베이징 장애인 올림픽 서포터즈 응원단장으로 선발돼 중국에 다녀왔다. 한국리더십센터에서 두 달 동안 인턴으로 활동하기도 했으며, 지난주에는 기업교육 전문기관인 휴넷에서 교육운영전문가 양성과정(5개월)도 마쳤다.
그러나 취업 시장은 만만치 않았다. 그는 지난주 수요일 처음으로 입사 지원한 기업에 불합격했다. 어려움이 닥쳐도 '~때문에 안 됐다'가 아니라 '그럼에도 불구하고 해낼 수 있다'는 마음가짐으로 이겨내는 남자가 권태호다.」

대학교 1학년, 내가 처음으로 해본 아르바이트는 레크리에이션 보조 업무였다. 레크리에이션 강사를 1년 동안 따라다니며 어깨너머로 배운 실력으로 군대에 가서는 국군방송 MC를 했고, 제대 후에는 본격적으로 레크리에이션 강사로 활동했다. 또, 해외 탐방형 공모전에 당선되어 11개국 이상의 해외 경험도 있다. 이 경험을 바탕으로 대학 신입생 오리엔테이션에서 재학생을 대표해 강연을 했으며, 이 일은 꿈을 크게 키우는 계기가 되었다.

당시, 강사가 되기 위한 방법은 두 가지였다. 공부로 학위를 따서 교수가 되거나, 컨설팅 회사에 들어가 강사가 되는 것. 그러나 나는 둘 중 어떤 길도 선택하지 않았다. 쉽지 않겠지만 현장부터 차근차근 배워 강사가 되기로 한 것이다. 그래서 영업을 단순히 돈벌이 수단이 아닌, 내 꿈을 위한 발판으로 삼았다. 그리고 나는 이 과정을 많은 사람과 나누고 싶다.

나는 현재 외국계 IT 기업에서 영업부 매니저로 일하며, 동시에 영업 코치로서 나를 필요로 하는 사람들을 위해 활발히 활동하고 있다. 전국의 현장을 누비며 꿈을 이루고 있는 셈이다. 그리고 그토록 원하던 베스트셀러 작가도 되었다. 이 모든 과정은 뚜렷한 목표가 있었기에 가능했다. 그리고 끊임없이 목표 의식을 가지려 노력했다. 목표 의식을 통해 성공하는 법을 아는 사람들의 세 가지 특징을 이야기하겠다.

첫째, 그들은 지금 하는 일을 통해 꿈과 목표를 성취하려 한다. 그렇기에 누구보다 치열하게 살며, 현재에 행복하고 감사할 줄 안다. 매 순간 진심으로 사람을 대하고, 노력한다.

둘째, 그들은 '나는 왜 이 일을 하는가?'에 대한 질문과 답변을 자신에게 던질 줄 안다. 특히 영업에 있어서, 변화는 매우 중요하다. 영업 상황은 어제와 오늘이 다르다. '나는 왜 영업을 하는가?'에 대한 질문을 던지며, 좀처럼 변화하지 않는 조직에서 나를 변화시켜야 한다. 그리고 현재 목표 달성을 위해 어떻게 해야 할지도 자문해야 한다. 성공하는 사람들은 현실에 안주하지 않고, 끊임없이 질문한다.

셋째, 그들은 '그렇다면 무엇을 할 것인가?'에 대한 명확한 답이 있다. 나는 왜 영업을 하는지에 대한 답이 나오면, 그렇다면 무엇을 해야 할지에 대한 계획까지 세워야 한다. 마지막으로는 '무엇을 얻을 것인가'까지 생각해야 한다. 그리고 위 세 가지를 반복한다.

끊임없이 자신과 대화하며 에너지를 얻어야 한다. 일반적으로 이 세 가지의 답을 알고 있는 사람은 당장 영업이 힘들더라도 바로 일어설 수 있다. 어려움이 닥치더라도 쉽게 좌절하거나 포기하지 않으며, 오히려 주변 사람들에게 희망을 주고 귀감이 되기도 한다. 성공하는 법을 아는 사람들이기 때문이다.

공부도 마찬가지다. 학교에 다니며 '내가 왜 공부를 하는지'에 대한 질문이 없으면, 공부에 대한 확고한 목적이 있는 학생과의 격차는 벌어질 수밖에 없다. 목표 의식이 없다면 지금부터 목표를 갖기 위해 노력해야 한다. 성공은 그다음 일이다.

성공하려는 자,
영업의 무게를 견뎌라

영업은 성공으로 갈 수 있는 최고의 길이다. 영업에 학력이나 학벌은 필요 없다. 영업 전략에 필요한 건 기술이 아니라 사람을 향하는 마음이기 때문이다.

2010년에 월 매출액 600억 규모의 탄탄한 중견 제약회사에 입사했다. 입사하고 가장 놀란 건, 학교처럼 일등부터 꼴등까지 순위를 매기고 월말에 게시하는 문화였다. 게다가 일반적으로 신입 사원은 매출이 잘 나오는 지역을 배정받기가 쉽지 않다. 대부분의 신입 사원은 매출 순위가 꼴등인 지역, 영업이 엉망인 지역을 배정받는다. 그러나 배정받았을 때, 이에 대해 어떻게 생각하는지가 영업의 고수와 하수를 결정짓는다. 꼴등 지역을 배정받았을 때, 영업 하수는 "에이, 내 이럴 줄 알았어. 꼴등 지역이네."라며 불평한다. 그러나 영업 고수는 "잘됐다. 오히려 내 실력을 시험해볼 수 있겠어. 노력해서 매달 순위를 올려야지."라고 말한다.

나도 신입 시절에 전국 매출 꼴등 지역을 배정받았다. 인수인계를 받고 내가 가장 처음 한 것은 담당 지역 내 매출이 발생하는 거래처 확인이었다. 그리고 경쟁사 제품이 얼마나 처방되는지를 분석했다. 내가 맡은 지역이 왜 꼴등인지 천천히 생각해보았다. 전임자 탓인가? 회사 탓인가? 보통은 전임자 탓일 가능성이 농후하다. 그런 다음, 담당 지역 내에 있는 전체 병원과 약국 리스트를 다시 정리했다. 거래할 수 있는 병원과 약국을 재설정한 것이다. 그리고 시장조사를 했다. 하루에 보통 12개의 거래처를 방문해 PDA 단말기에 기록했다.

"안녕하세요. S제약 권태호입니다. 원장님 뵈러 왔습니다."
"선생님, 죄송합니다. 원장님께서 다음에 오시래요."

첫 방문부터 거절을 당했다. 다음 병원으로 향했다.

"안녕하세요. S제약 권태호입니다. 원장님 뵈러 왔습니다."

"선생님, 죄송합니다. 원장님께서 다음에 오시래요."

또다시 거절이었다. 나는 명함을 전달한 후 병원을 나왔다. '내가 지금 뭐하고 있는 것인가?' 한숨을 내쉬며 하늘을 바라보았다. 그날 방문한 12개의 병원에서 5번의 거절을 당했다. 그렇다고 7개의 거래처에서 만난 원장에게 별다른 이야기를 한 것도 아니었다. 당시 나도 영업을 배워본 적 없는 초보였다.

그러나 3개월이 지나자 고객에게 거절을 당한다고 좌절할 필요가 없다는 걸 알았다. 영업은 거절의 경험을 통해 배우고 성장하기 때문이다. 나는 그 뒤로 나름의 전략을 짜서 다가갔다. 담당 지역 내 소아청소년과에 가서 풍선아트로 환자를 즐겁게 해주고, 각종 체육대회와 송년회를 찾아다니며 사회를 봐주었다. 그랬더니 거래처에 소문이 나면서, 원장들이 먼저 나를 찾았다. 실제로 우리 제품을 프레젠테이션한 날 오후부터 경쟁사 제품이 우리 제품으로 대체되기 시작했다. 그렇게 입사한 지 3개월 만에 성과가 나오기 시작해, 6개월 만에 200% 성장 신화를 이뤘다. 사무실 게시판의 상위 10% 안에 내 이름 '권태호' 석 자가 붙었다. 그 순간의 기쁨과 짜릿함은 지금도 잊지 못한다.

영업이 힘든 이유는 아무런 동기 부여를 받지 못하기 때문이다. 그리고 동기 부여가 잘 안 되는 이유는 매일 거절을 당하기 때문이다. 거절은 왜 당하는 것일까? 그 이유는 당신이 영업을 하는 분명한 목적을 찾지 못해서이고, 고객을 만날 준비가 되지 않아서이다. 우리는 회사에서 월급을 받으며 영업을 배운다. 절대 시간이 남아 취미로 배우는 게 아니다. 성과로 실력을 보여주는 영업 고수는 어떤 일이든 목적을 갖고 최선을 다한다. 최고의 결과를 만들기 위해 노력한다. 지금 하는 영업의 무게가 무겁게 느껴진다면 성장의 과정이라 생각해야 한다. '혼신의 힘을 다했어.'라고 말할 수 있는가? 죽을힘을 다했는데도 영업이 내 길이 아니라고 판단된다면 그때는 빨리 그만둬라. 그게 성공을 위한 지름길일 수 있다.

동기 부여를 받기 위한 방법을 추천하겠다. 램프의 요정 지니가 당신의 소원을 이루어준다고 생각하고, 원하는 바를 모두 적어보라. 나는 현장에서 만든 '꿈 리스트 100'이 있다. 크게 4개의 섹션을 나눠 정리했다. 그중 일부이다.

- 1년에 책 100권 읽기
- 나에게 외제 차 선물하기
- 빚 청산하기

- 책 한 권 집필하기

- 정원이 있는 2층 목조 별장 짓기

- 부자 아빠 되기

- 자상한 남편 되기

- 억대 연봉 달성하기

- 건물주 되기

- 땅 구입하기

나는 이 모든 것을 이루었다. 부자 아빠 되기와 자상한 남편 되기는 평생에 걸친 과업이라 노력하는 중이다. 나는 항상 이 리스트를 보면서 할 수 있다는 마음으로 나아갔다. 영업의 무게를 견뎌보았다면, 당신은 이미 성공한 사람이다. 나도 했다. 당신도 충분히 할 수 있다.

남이 따라 할 수 없는
나만의 영업을 만들어라

영업 현장에는 한정된 고객에 여러 경쟁사의 영업 사원이 있다. 이러한 현장에서 살아남으려면 나만의 특별한 영업이 있어야 한다. 그리고 특별한 영업을 위해서는 나를 알아야 한다. 나의 강점과 약점을 알면, 거래처에 어떤 도움을 줄 수 있을지를 특정할 수 있다.

신규 확보를 위해 고객을 만나러 가면, 대부분은 거절한다. '나한테 뭘 팔고 싶어서 오는구나.'라는 생각에 영업인을 만나려 하지도 않는다. 그럼에도 불구하고, 영업인은 고객을 만나야 영업 활동을 할 수 있다. 나는 만나기 어려운 고객을 이렇게 만났다.

"안녕하세요. 제가 팀장님들 대상으로 리더십 강의를 제안하려고 하는데, 효과적인 도움을 드리기 위해 상담을 받고 싶습니다."

"안녕하세요. 제가 골프를 배우고 있는데, 골프를 잘하는 고객님께 상담을 받고 싶습니다."

고객에 대해 미리 조사한 뒤, 고객에게 필요한 부분을 파악해 접근한 것이다. 즉, 고객의 관심을 끌 만한 콘셉트를 정해 접근했다. 나는 S제약 시절, 담당 지역에 위치한 소아청소년과를 신규로 확보하고 싶었다. 그러나 원장은 기존에 거래하는 담당자 외에는 만나지 않는 분이었다. 나는 정기적으로 소아청소년과를 방문해 직원들과 친분을 쌓은 뒤, 원장에게 두 자녀가 있는데 큰딸의 교육에 관심이 많다는 사실과 신앙심이 투철한 분이라는 사실을 알아냈다. 그래서 방문할 때마다 간식 꾸러미에 성경 구절을 넣고 '제가 신앙 생활한 지 얼마 안 되었습니다. 원장님께 신앙을 배우고 싶어 방문드렸습니다.'라는 메시지를 동봉해 건넸다. 한 달이 지났을까 드디어 간호사에게 답이 왔다. "원장님께서 뵙자고 하시네요. 다음주 화요일 오전에 오세요." 효과가 나타난 것이다. 뛸 듯이 기뻤다.

화요일에 나는 깔끔한 정장 차림에 구두를 신고 늦지 않게 방문했다. 첫인상이 중요하다. 그리고 원장은 "안녕하세요. 태호 씨! 어떤 분일까 궁금했어요. 만나서 반가워요. 앉으세요."라며 환대해주었다. 그렇게 소아청소년과는 내 거래처가 되었다.

M제약 시절에는 대형 내과 검진센터를 반드시 거래처로 확보해야 했다. 내가 확보해야 하는 병원은 7명의 원장이 있는 대형 내과 병원으로, 그곳의 원장은 매출을 위해 꼭 필요한 고객이었다. 원장을 만나기 위해 처음에는 환자로 내원했는데, 원장실의 문이 열리는 순간 나는 바짝 얼고 말았다. 원장실의 가장 잘 보이는 위치에 '우리 병원은 원활한 진료를 위해 제약회사의 영업 사원 출입을 금지합니다.'라는 문구가 붙어 있었기 때문이다. 다른 영업 사원에게 들으니 실제로 영업 사원이 무턱대고 방문하면, 그 회사의 제품이 모두 빠진다고 했다. 함부로 행동할 수 없었다.

그래서 나는 병원 관계자들과 자주 마주치며 직원들에게 나를 알리기 시작했다. 그리고 원장이 직원들의 복지와 교육에 관심이 상당하다는 걸 알게 되었다. 나는 그 즉시 직원 교육과 팀장 리더십 교육에 대한 제안서를 작성했다. 문제는 제안서 전달이었다. 직접 전달하고 싶어서 원장의 퇴근 시간에 맞춰 지하 주차장에서 기다렸다.

"안녕하세요, 원장님. 저는 M제약 담당자 권태호입니다."

"다음에 오세요."

"네, 원장님. 이거 한 번만 봐주세요!"

그렇게 나는 원장에게 제안서를 내밀었고, 성과를 낼 수 있었다. 위의 소아청소년과와 내과는 모두 지역에서 유명한 병원이었고, 환자도 많았다. 제약 영업인에게는 반드시 확보해야 하는 주요 거래처인 셈이다. 그러나 키 맨인 원장의 입장에서 생각해보자. 그들의 관심사는 이런 것들이다.

'어떻게 하면 우리 직원들을 더 챙겨줄 수 있을까?'

'어떻게 하면 환자들을 더 잘 볼 수 있을까?'

바쁜 고객에게 영업 사원의 방문이 달가울 리 없다. 제품을 판매하러 왔다는 인상을 풍기는 순간 다음은 없다. 고객의 욕구를 충족할 수 있는 방법을 찾아야 한다. 사전 조사를 통해 고객의 니즈를 파악해야 한다. 당신 앞에 있는 고객이 원하는 것은 따로 있다는 사실을 명심하자. 고객이 듣고 싶어 하는 이야기를 해주어야 한다. 실제로 나는 소아청소년과에 처방되는 약 전 제품을 우리 제품으로 바꾸었다. 월 500만 원, 연 6,000만 원의 매출을 올렸다. 대형 내과를 신규로 확보하고는 첫해에만 4,000만 원의 매출을 올렸다. 제약 업계에서 월 평균 200~300만 원이 나오면 대박이므로, 초대박을 터트린 것이다.

기억하라. 영업인의 기본은 바로 자신을 아는 것이다. 고객에게 당신을 알리고 당신을 찾아오게 하라. 다른 사람이 아닌, 당신에게서 제품을 구입할 수 있게 만들어라. 그것이 영업의 기본이고 정석이다. 다른 사람이 따라 할 수 없는 당신만의 영업을 만들어라.

"

인생,
영업으로 시작하면 성공한다

"

새로운 것을 얻으려면
내려놓아라

어렵게 전문대에 입학해, 컴퓨터 관련 자격증 공부부터 시작했다. 당시에는 배우지 못한 아쉬움 때문인지, 배움에 대한 갈망이 매우 컸다. 닥치는 대로 무엇이든 배웠다. 이런저런 자격증을 손에 넣기 위해 시간과 돈을 투자했고, 결국 35개의 자격증을 취득했다. 그리고 선택과 집중의 시기가 찾아왔다.

얼마 전에 그간 읽었던 책들을 정리했다. 중고등학교에 150여 권의 책을 기증하며 내가 가진 것을 하나씩 내려놓았다. 나를 가득 채우는 데에 집중했다면, 이제는 조금씩 내려놓을 시간이라는 걸 깨달았다. 새로운 걸 얻기 위해서는 비워야 했다.

영업을 하면서 원하는 것을 얻으려면 반드시 대가를 치러야 한다는 걸 알았다. 하나를 얻으려면 하나를 포기해야 한다.

대학교 졸업 전에 기업교육 회사에 인턴으로 3개월을 보냈다. 총 11명의 인턴 중 활동 평가 후 한두 명이 정규직으로 채용되는 형태였는데, 나는 인턴 기간 동안 배운 것을 사장님과 전 직원 앞에서 프레젠테이션을 하며 좋은 반응을 얻어냈다. 그리고 최종적으로 정규직으로 선발되었다. 그러나 나는 정중히 거절했다. 기업교육 회사에 남아 일하고 싶은 마음도 있었지만 영업도 하고 싶었기 때문이다. 둘 다 가질 수 없기에 나는 둘 중 하나를 포기해야 했다.

회사에 다니면서 첫 책을 집필했다. 첫 책은 베스트셀러에 올랐고, 지금 새로운 책을 집필 중이다. 세 아이의 아빠 역할도 해야 한다. 지인들은 내게 어떻게 그 많은 일을 할 수 있는지를 묻는다. 그러나 나는 누구에게나 주어지는 24시간을 알차게 쓰는 법을 알고 있다. 잠을 줄이면 된다. 새벽부터 일어나 미리 준비하면 가능하다. 잠을 포기하고 나는 새벽을 온전히 내 시간으로 사용하고 있다. 즉, 나는 시간 관리도 철저하다. 그렇다면 나의 목표 의식을 갖는 방법을 소개하겠다.

첫째, 나는 한 해를 상반기와 하반기로 나누어 원하는 목표를 종이에 적고 바인더에 넣어 늘 갖고 다닌다. 항상 몸에 지니며 보고 또 본다. 그러면서 목표 달성을 위해 항상 노력한다. 이런 작은 습관 하나가 내 인생에 믿을 수 없을 만큼 큰 영향을 주었다. 나는 매년 1월과 7월에 리스트 업을 하고, 12월에는 목표 달성 여부를 확인한다. 사실 목표 세우기는 많은 사람이 한다. 그러나 아무나 장기적으로 계획을 실행하고 검토하지는 않는다. 이런 습관이 큰 결과를 가져온다는 걸 나는 알고 있다.

둘째, 종이에 적은 목표를 의심하지 않는다. 나는 내 목표에 대해 확신한다. 부정과 불평을 버리고, '나는 할 수 있다'라는 최대 긍정을 한다.

셋째, 확신의 힘으로 반복한다. 나는 첫째와 둘째의 방법을 확신의 힘으로 반복한다. 반드시 달성해야 할 영업 목표를 종이에 적고, 이미 이루어진 것처럼 생각하며, 긍정하기를 반복하면 효과적이다.

2020년 10대 소비 트렌드 키워드 중 하나는 '업글 인간Elevate yourself'이다. 자신을 업그레이드하면서 성공보다 성장을 추구하는 새로운 자기 계발형 인간을 의미한다. 삶의 질적 변화를 원하는 업글 인간의 등장으로 경험 경제experience economy, 고객의 경험 데이터를 활용하는 기업 운영 방식가 운영되고 있다. 그리고 자신을 업그레이드한다는 건,

경쟁을 위한 스펙 쌓기가 아니라 인생 전체의 커리어를 관리해 나가는 걸 뜻한다.

업글 인간의 주 관심사는 건강, 지식, 취미이다. 이들은 신체적 건강을 위해 운동을 하고, 여가 생활을 즐기기 위해 취미를 계발한다. 그리고 지적 확장을 위해 지식을 갖춘다. 최근 잡코리아의 조사에 따르면 직장인의 점심 풍경이 바뀌었다고 한다. 옛날에는 점심시간에 간단히 밥을 먹고 수다를 떨며 시간을 보냈다면, 지금은 52% 이상이 개인 활동을 하며 시간을 보낸다. 그중 헬스나 요가를 하는 직장인은 34.5%에 달한다. 또한 성인남녀 785명을 대상으로 '업글 인간 트렌드 현황'에 대한 설문조사를 진행한 결과, 응답자 중 64.5%가 자신을 업글 인간이라고 생각한다고 답했다. 성공보다 성장을 추구하는 이유는, 주 52시간 근무제로 인한 워라밸 추구, 경제적 풍요보다 삶의 질적 수준을 높이려는 욕구 증가, 고령화 사회로 인한 인생의 패러다임 인식 변화, 행복에 대한 가치관 변화이다.

이러한 상황에, 새로운 것을 얻기 위해서는 지금 손에 쥐고 있는 것을 내려놓는 것이 중요하다. 내려놓는 연습은 일종의 반복이다. 처음에는 어색하고 힘들더라도 지속적으로 반복하면 쉽다. 수강생들에게 매번 하는 말이지만 내 인생의 주인공은 나 자신이다. 모든 행동과 선택은 내가 해야 한다.

그 누구도 당신의 인생을 대신 살아주지 않는다. 눈치 보지 말고 온전히 나만을 위해 내 인생을 계획하고 실행하라. 나도 예전에는 남을 위해 돈을 벌었다. 하지만 살다 보니 나를 위한 인생과 도전이 얼마나 중요한지 깨달았다. 그랬기에 잘나가던 회사에 사표를 던질 수 있었으리라.

새로운 경험을 위해 지금 누리고 있는 것을 내려놓자. 도전하지 않으면 지금보다 더 큰 행복과 성공은 없다.

과거의 성공 경험에
취하지 말라

제품 수명 주기Product Life Cycle가 있다. 하나의 제품이 시장에 도입
되어 쇠퇴하기까지의 전반적인 과정을 말한다. 제품 수명의 길고
짧음은 제품의 성격에 따라 다르지만 대체로 '도입기, 성장기, 성
숙기, 쇠퇴기'의 과정으로 나눌 수 있다.

도입기는 제품을 개발해 시장에 판매하는 단계로 이익이 없거
나 매우 낮게 형성되는 특징이 있다. 성장기는 수요가 급격히 증
가해 기업의 매출이 증가하는 단계다. 성숙기는 제품 단위별 이
익은 최고조에 이르지만 수익이나 판매 성장은 둔화되는 시기다.
그리고 쇠퇴기는 시장에서 제품이 판매되지 않거나 점점 하락하

는 단계를 말한다.

사람도 마찬가지고, 영업도 마찬가지다. 영업인에게는 영업 수명 주기가 있다. 도입기에는 매일 새벽에 일어나 제품을 공부하고, 늦은 밤까지 현장에서 고객을 만나 제품을 소개한다. 누구보다 열심히 일한다. 그러나 매출은 없다시피 한다. 성장기에는 제품에 대한 지식을 갖춘다. 회사에도 적응했고, 나아갈 방향성도 뚜렷하다. 목표가 생긴다. 나에게는 입사 6개월 만에 200%의 성장을 이루고, 이직에 성공하고, 업무에 적응해 전국 영업 일등을 했던 시기일 것이다. 그런데 제품과 사람의 차이는 여기서 난다. 나는 승승장구하는 내 모습에 도취해 성숙기로 진입하지 못했다. 부끄럽지만 자만심에 빠져 후배를 다그치기도 했다. 당시 팀장에게 정말 많이 혼났다. 팀장은 "권태호, 넌 최고가 아니야."라며 일희일비하지 말라는 말을 자주 했다. 팀장의 격려와 질책은 결국 나에게 약이 되어서 자만심을 누르고 위기의 순간을 넘기게 해주었다. 이후로 나는 성과가 좋아도 차분하게 원인을 파악하며, 겸손함을 갖추게 되었다.

당신에게도 피드백을 주는 사람이 있는가? 스승이 있는가? 당신에게 싫은 소리를 해주는 사람을 찾아야 한다. 없다면 만들어라. 피드백은 당신을 성장시킬 것이다. 다음은 성숙기이다. 나는 자만하지 않기 위한 몇 가지 원칙을 세웠다.

첫째, 영업하는 근본적인 이유를 명확히 한다. 나에게 영업은 단순한 생계유지를 위한 게 아니라 사람들에게 도움을 주고 선한 영향력을 발휘하기 위함이다. 지금은 영업 현장에서의 경험담과 노하우를 정리해 많은 영업인에게 동기를 부여해주기 위해 노력하고 있다.

둘째, 긍정한다. 매사 '할 수 있다!'라는 마음으로 임한다. 인생에는 좋은 일만 있는 게 아니다. 특히 영업하다 보면 상사나 고객, 동료와 갈등도 생긴다. 그래서 차이를 인정하고 존중하는 연습을 하고 있다. 나와 의견이 다르더라도 전체적인 흐름을 파악해 긍정적으로 이끌어나가는 게 좋다. 비즈니스는 좋을 때도 있고 나쁠 때도 있다. 영업도 오르막이 있고 내리막이 있다. 지금 영업이 잘된다고 우쭐할 필요가 없다. 그렇다고 주눅 들지 말자. 매사 긍정하며 겸손하자.

셋째, 영업 현장에서 만나는 모든 고객에게 감사하는 마음을 갖는다. 영업은 고객이 있어야 하며, 고객은 나에게 목표 달성과 성과를 돕는 고마운 존재들이다. 고객에게 진심으로 감사해야 한다. 물론, 고객에게 쩔쩔맬 필요는 없다. 고객과 좋은 관계를 유지하며 서로 도움을 주고받으면 된다. 균형을 맞춰 당당하고 자신감 있게 활동하는 게 중요하다.

나는 현재 다양한 분야의 영업을 거쳐 IT라는 새로운 분야에서 일하고 있다. 벌써 2년이 다 되어 간다. 영업 활동 내용은 똑같지만 그래도 최대한 빠르게 적응하기 위해 부단히 노력했다. 한 곳에만 오래 있으면 과거의 성공 경험에 취해 자만하기 쉽다. 능력이 된다면, 기회가 온다면, 한 분야에서 10년 이상 경험했다면 한 단계 성장할 수 있는 환경을 만들어야 한다.

100세 시대다. 지금까지 산 날보다 살아갈 날이 더 많다. 미리 준비하지 않으면 퇴사 후에 할 수 있는 게 없다. 말이 앞만 보고 달릴 수 있도록 씌우는 눈가리개인 차안대를 한 꼴이다.

매일 성장하자. 그리고 최선을 다해 공부하자. '성공이란 과거에 있지 않고 현재에 있다'라고 성공을 정의하고 싶다. 나는 성공한 사람이다. 과거의 나보다 성장했고, 오늘도 노력하고 있기 때문이다. 그래서 오늘도 감사하고 행복하다.

세상은 빠르게 변하고 있다. 그 변화를 인지하고, 변화하기 위해 노력해야 한다. 변화하는 세상 속에서, 변화하는 영업 현장 속에서 어떻게 최고가 될 수 있을지 고민하고, 과거의 성공 경험에 취하지 않아야 한다.

끊임없이 연구하고
벤치마킹하라

인간은 모두 학습자이다. 배움은 인간의 본성이기 때문이다. 아이들만 봐도 느낀다. 부모의 말과 행동을 그대로 따라 학습하고, 호기심 어린 눈으로 부지런히 익히는 모습을 보면서 배움이 인간의 본능이라는 걸 확신한다.

2017년, 회사에 '전문 영업담당자Mastery PSR'이라는 직급이 생겼다. PSR이란 Professional Sales Representative의 줄임말로, 'mastery'는 영업부 담당자에 대한 지배력을 갖는다는 의미지만, 동시에 특별한 수준의 숙련을 갖춘 자를 뜻하기도 한다. 회사에서는 선정된 전문 영업담당자에 대한 기대가 컸다. 그리고 이들은 회사의 기대에 부응하기 위해 끊임없이 연구하고 단련해, 직원들의 귀감이 되었고, 좋은 성과 모델이 되었다.

그러나 현실적으로 직원 교육에 투자하는 회사는 의외로 드물며, 이는 회사 내 인력을 활용하지 못하는 결과로 이어진다. 하노버 보험사의 전 CEO인 오브라이언은 이러한 세태를 다음과 같은 말로 꼬집었다.

"훌륭한 교육을 받은 똑똑한 젊은이들은, 활기차고 무언가 해보려는 의욕이 넘치는 상태로 회사에 들어간다. 세월이 흘러 서른 살쯤 되면 어떤 모습으로 변해 있을까? 소수는 열심히 일하면서 출세 가도를 달리지만, 대부분은 자신이 가치 있다고 생각하는 일을 하며 주말을 보낸다. 입사 초기에 가지고 있던 헌신적인 태도, 사명감, 흥분 따위는 잊은 지 오래다. 그때의 활기는 흔적도 없고, 사기도 바닥이다."

공감한다. 조직의 비전 제시와 교육은 그만큼 중요하다. 비전이 있는 팀은 남다른 성과를 올리는 것은 물론이고, 개별 담당자들도 빠르게 성장한다.

나는 바인더에 적어둔 내 비전과 목표를 보고 있으면 아직도 가슴이 뛴다. 나의 비전은 '내가 사랑하고 잘하는 일을 통해 끊임없이 배우고 성장하여, 사람들의 잠재 능력 개발과 행복한 삶에 아낌없는 도움을 주는 것'이다. 영업인에게 비전이 있으면, 회사가 시키지 않아도 스스로 일하고 실행한다.

나는 영업을 하면서 책, 강연, 세미나에 참석해 꾸준히 배웠다. 주말에도 시간을 투자해 공부했다. 배움은 무언가를 새롭게 시작할 수 있는 힘을 주며, 인생을 주체적으로 살아갈 수 있는 능력을 배양한다. 인간의 내면에는 원래 학습에 대한 뜨거운 열망이 있다. 인류학자 에드워드 홀도 "인간은 무엇보다도 학습하는 생명체이다. 인간의 학습 욕구는 성욕만큼이나 강하며, 아주 이른 시기에 시작되어 오래도록 지속된다."라고 말했다.

빠르게 변화하는 영업 현장에 적응하지 못하는 영업인은 도태되고 말 것이다. '냄비 속 개구리boiling frog' 이야기가 있다. 끓는 물에 개구리를 넣으면 화들짝 놀라서 바로 뛰쳐나오지만, 상온의 물에 개구리를 넣고 서서히 온도를 높이면 온도에 적응하면서 결국 비극을 맞이한다는 이야기다. 이유가 뭘까? 바로 갑작스러운 변화에는 민감하게 반응하지만, 서서히 진행되는 변화에는 반응하지 않기 때문이다.

서서히 진행되는 변화를 감지하기 위해서는 자신의 속도를 늦

취, 눈에 띄는 극적인 요소는 물론이고 미묘하게 변하는 요소에도 관심을 기울여야 한다. 침착하게 변화를 감지해야 한다. 그렇지 않으면 냄비 속 개구리와 같은 운명을 맞게 될 뿐이다.

나는 지금까지 누구보다 열심히 살았다. 35개의 자격증이 이를 뒷받침한다. 꾸준히 공부하고 연구하며 얻은 것을 영업 현장에 적용했고, 주말에 영업 실무와 관련한 과정을 배우고는 배운 내용을 내 것으로 만들어 벤치마킹했다.

경험상, 전공이든 자격증 공부든 분야를 막론하고 목적의식을 갖고 배우다 보면 깨달음을 얻는 시점이 온다. 회사에 다닐 때는 영업에 대한 최신 정보를 접하고 싶다는 생각에 시중에 나온 영업, 마케팅에 대한 책을 모조리 사서 읽었다. 그리고 저자에게 연락해 강연회나 세미나에도 참석했다. 벤치마킹을 위해서다. 그 결과는 기대 이상이었다.

과연 뭐가 달라질 수 있느냐고 말하지 말라. 일단 해보고 그 다음에 결과를 말하라. 우리는 성장해야 한다. 그래야 성숙할 수 있다. 사람도 제품의 수명 주기와 다를 바 없다. 성장기가 있어야 성숙기로 갈 수 있다. 그게 귀찮으면 지금처럼 살면 된다. 그러나 성장하고 싶다면 끊임없이 연구하고 벤치마킹하라. 영업 고수의 성공 비결이다.

안 되는 이유보다
할 수 있는 이유를 찾아라

현장을 누비는 영업인은 모두 성공해서 행복하게 살고 싶은 꿈이 있다. 그러나 대부분 이상과 현실의 괴리감을 느끼고는 좌절하고, 그저 평범한 일상에 만족하며 살아간다.

그렇다면 영업인들이 실패하는 이유는 무엇일까? 바로 자신의 능력을 키우지 못하기 때문이다. 영업에서 최고가 되기보다 영업을 해보았다는 경험 정도에서 그치는 데 만족하거나, 생계유지만을 목표로 하기 때문이다. 그러나 말과 행동이 미래를 좌우한다는 사실을 깨닫는다면, 당신은 인생의 매우 중요한 교훈을 얻은 셈이다. 당신의 말과 행동은 어떤 결과를 낳는가? 이 질문에 대한 답이 바로 성공의 열쇠이다.

나는 학창 시절에 그다지 행복하지 않았다. 적어도 가정에서는 말이다. 고등학교 시절 내 부모님은 매일 싸웠다. 술에 취해 주정하던 아버지, 고래고래 소리를 지르는 어머니의 모습은 지금도 생생하다. 그리고 두 분은 내가 고등학교 3학년 때 이혼했다. 경제적인 어려움의 연속이었다. 고등학교 시절 나는 우유 급식도 하지 못했다. 친구들이 왜 우유를 먹지 않느냐고 하면, 우유를 먹으면 속이 안 좋다고 둘러댔다. 이런 나의 환경이나 상황만 본다면 나는 불평불만이 쌓여야 맞다. 그러나 나는 관점을 달리했다. 나와 여동생은 가출하거나, 탈선하지도 않았고 바르게 자랐다. 환경은 나빴지만 어떻게 벗어날 수 있을지를 고민했다. 그리고 이때부터 나는 부정적인 말과 행동은 하지 않았다.

"환경은 어렵지만 나아가는 과정일 뿐이야. 좋아질 거야."
"지금 다 잘되고 있어. 할 수 있다. 이겨낼 수 있다. 해보자."

나는 영업 현장에도 똑같이 적용했다. 제약회사에서 신제품이 출시되었을 때 일이다. 이미 동일 스펙의 경쟁사 제품이 시장에 자리 잡은 상태였고, 심지어 가격도 더 저렴했다. 제품 스펙만 보면 우리 제품은 시장에 자리 잡을 수 없는 이유만 가득했다. 선배들도 이런 제품을 왜 출시했냐고 불만이었다.

그러나 나는 할 수 있는 이유를 고민했다. 타사 제품보다 경쟁력이 없는 우리 제품을 어떻게 팔 것인가에 대한 답을 찾는 게 내가 월급을 받는 이유다. 결국, 나는 고객 입장에서 가격은 더 비싸지만 동일 스펙이라면 안 바꿀 이유도 없다고 결론을 냈다. 이렇게 마음먹으니 할 수 있다는 자신감이 솟으며 저절로 몸이 움직였다. 우선 경쟁사 제품을 처방하지 않는 병원을 찾아갔다.

"원장님, 신제품이 출시되어 정보 전달 차 방문드렸습니다. 검토 부탁드립니다."

대부분의 영업 사원은 동일 스펙의 경쟁사 제품을 많이 처방하는 거래처부터 찾아간다. 물론 그게 정석이다. 그러나 나는 굳이 제품을 바꿀 필요가 없는 곳부터 시작할 이유가 없다고 판단했다. 경쟁사 제품 처방이 없는 신규 거래처부터 확보한 다음에 서서히 경쟁사 제품 처방이 많은 거래처로 활동 영역을 넓혔다.

"원장님, 신제품이 출시되었습니다. 주변 병원에서는 이미 처방을 시작하셨습니다. 고객들의 반응이 좋은 편입니다. 한번에

다 바꾸지는 마시고, 소량씩 처방을 시작해보시죠. 약국에는 미리 준비해두었습니다. 처방만 하시면 됩니다."

이렇게 신제품 영업에 성공했다. 내가 할 수 있는 이유를 찾고, 긍정적인 말과 행동을 하면 불가능해 보이는 일도 할 수 있다. 영업 고수는 예상치 못한 상황이 발생하면 이렇게 말한다. "이건 분명히 기회다! 좋은 결과가 나오기 위한 과정일 뿐이야. 난 뭐든지 할 수 있다. 해보자!" 이들은 어려운 환경 속에서도 할 수 있는 이유에 집중함으로써 용기를 낸다. 같은 말을 반복하면 이루어진다는 인디언의 금언이 있다. 평소 말하는 대로 살게 된다는 뜻이다.

말은 마음의 알갱이와 같다. 안 되는 이유보다 해야 할 이유를 생각하라. 환경이 달라지고, 인생이 바뀐다. 코미디언 유재석이 노래한 '말하는 대로'의 노랫말처럼, 영업도 그렇다. '안 될 것 같은데. 이게 될까?'와 같은 부정적 암시는 반드시 실패를 낳고, '할 수 있겠다. 할 수 있다.'와 같은 긍정적 암시는 성공을 낳는다. 이것이 바로 영업의 성공 법칙이자, 인생의 성공 법칙이다.

영업에 미치면
성공은 저절로 따라온다

종종 영업에 미친 고수들을 만나고는 한다. 그들과 대화를 나누다 보면 나도 자극을 받는다. 이들은 자신만의 영업 철학을 가지고 행동하는 사람들이며, 그 특징을 분석하면 세 가지 공통점을 발견할 수 있다.

첫째, 그들은 늘 변화하고자 하며, 자신이 할 수 있는 능력을 최고치로 올린다. 나도 회사에서 정해준 목표를 내 목표로 삼지 않았다. 나는 전국 영업 일등이 목표였다. 즉, 목표를 내가 설정하는 것이 중요하다. 그리고 나는 목표를 실현하고 싶어 늘 종이에 적어서 다녔다.

둘째, 그들은 해낼 수 있다는 확신이 있다. 나에 대한 믿음이 없으면 결국 목표를 이루는데 나 자신이 장애물이 된다. 믿음은 내가 할 수 있는 것과 할 수 없는 것이 무엇인지를 구별하게 하는 명령이다. 믿음과 확신이 나의 말과 행동을 결정하고, 경험의 순간을 만들어낸다. 나도 전국 영업 일등을 목표로 하고 나를 믿었다. 그리고 그 믿음은 계속 앞으로 나아갈 수 있게 하는 핵심 가치가 되었다. 목표를 설정했다면, 반드시 해낼 것이라는 믿음과 확신을 가져야 한다.

셋째, 그들은 자신만의 영업 철학을 가지고 전략적으로 행동한다. 그들은 절대로 무조건 열심히 하지 않는다. 시장조사를 통해 고객이 필요로 하는 것을 파악하고 그 부분을 해결해주려고 노력한다. 분명한 것은 당신이 목표를 세우고 할 수 있다는 믿음을 가지면, 전략은 저절로 따라오게 되어 있다.

나는 지방 전문대 출신이다. 필요에 의해 경영 대학원까지 진학했지만 나에게 특별한 인맥 같은 건 없다. 늘 맨땅에 헤딩하듯 살아왔다. 물론, 집안이 좋고 인맥이 있어 일처리를 쉽게 하는 영업인들을 보면 부럽고 샘도 났다. 실제로 아버지가 병원장인 동료도 있었고, 누나가 의사인 동료도 있었다. 내가 실력을 키우기 위해 남들보다 노력해야 했던 이유다. 영업 현장에서 성공할 수 있는 비결은 결국 어설픈 인맥이 아니라 실력이라고 믿어 의심치 않았다.

IT 기업에 있으면서, 나는 화상 회의 장비를 팔아야 했다. 그래서 지역별 정부출연 기관 리스트를 만들고, 화상 회의 장비를 담당하는 실무자를 만날 방법을 고심하고 있었다. 사실 인맥 하나 없이, 출입조차 어려운 국가 기관에 영업을 하겠다는 발상 자체가 미친 짓으로 보였을 것이다. 사람들은 보통 불가능한 일에 도전하는 사람을 미쳤다고 한다. 그리고 그 미친 짓이 큰 성과를 불러오면 동경의 대상으로 바라본다. 나는 베테랑 영업인으로서 꼭 해내고 싶었다.

나는 일단 고객에게 우리 제품을 왜 써야 하는지 명분을 만들어주어야 했다. 분석해보니, 50% 이상의 점유율을 차지하고 있는 경쟁사 제품은 너무 비싸고, 설치가 복잡했다. 나는 우리 제품은 휴대기 기능한 회상 장비임을 어필히며, 언제 어디서나 회상 회의를 할 수 있음을 강조하는 자료를 만들었다. 저렴하다는 강점도 내세웠다. 그리고 테스트 장비를 항상 차에 싣고 다녔다. 조금이라도 관심을 보이면 그 자리에서 시연할 셈이었다. 그렇게 여러 기관의 실무자를 만났다. 물론 화상회의 장비를 문제없이 사용하는 곳에서의 미팅은 허무하게 끝났지만, 설치한 지 10

년이 넘은 장비를 사용하는 곳은 유지 보수, 관리비 때문에 골치였던지라 반응이 좋았다.

결과는 대성공이었다. 정부출연 기관에 화상 회의 장비를 납품한 것이다. 일반 기업도 아니고, 출입조차 어려운 정부 기관을 선택한 것이 신의 한 수였다. 문전박대도 수없이 당했다. 하지만 관심을 보이는 기관이 많아지면서 실적이 올랐다. 내 영업 방식은 특별한 게 아니다. 세상에 없는 영업 방식을 선보인 것도 아니다. 편견을 버리고, 기본을 바탕으로 행동했을 뿐이다. 마냥 앉아서 기다린다고 성과가 날 리 없다.

사람들이 당신을 미쳤다고 한다면, 당신은 성공의 길로 들어선 것이다. 미쳤다고 하는 행동은 아무나 생각할 수 없는 부분이었을 테고, 남들이 쉽게 도전할 수 있는 게 아니라는 뜻이다.

영업을 마지막 직업으로 선택하는 사람이 많다. 영업은 특별한 기술이 없어도 할 수 있는 직업이라고 생각하기 때문이다. 그러나 나는 영업을 특별한 직업으로 만들고 싶다. 어떻게 해야 할지 생각해보았다. 그래서 내린 결론은, 남과 다른 나만의 영업 방식을 만드는 것이다. 그리고 남과 다른 영업은 고객이 나를 특별한 사람으로 인정해야 가능하다. 아파트, 상가를 판매하는 분양 업종에 있다면 당신은 컨설턴트가 되어야 한다. 그리고 컨설턴트가 되기 위해서는 할 수 있다는 마음으로, 고객을 진심으로 이해하고 경청해야 한다. 고객을 단순히 제품을 사는 사람이 아니라, 당신의 영업에 가치를 부여해주는 사람이라고 인식하자. 그리고 고객의 피드백에 감사하자.

내가 다양한 분야를 공부하는 이유는 영업에 미쳤기 때문이다. 나는 지금도 시간 관리법과 자기 관리법을 체계적으로 배워 현장에 적용하고 있다. 고객의 입장에서 보면 같은 제품이라도 '자신의 일에 미쳐 보이는 영업 사원'에게서 제품을 구매할 것이다. 당신은 경쟁사 영업인과 차별화되지 않으면 안 된다. 다른 영업인보다 미쳐라. 성공은 저절로 따라올 것이다.

영업은 100세 인생의
시작이자 끝이다

나는 지금도 전략적으로, 열심히 영업 활동을 펼치고 있다. 그리고 당신과 마찬가지로 그 속에서 기쁨, 슬픔, 행복, 좌절, 갈등을 맛본다. 차이점이 있다면 아마 내 수입이 조금 높을 것이다. 나는 대학을 졸업하고 다양한 분야에서 영업 활동을 해왔다. 그러고 보건데, 분야에 따라 판매하는 제품은 다르지만 판매 방식이나 스타일에는 공통분모가 있다. 고객을 만나 제품을 판매하는 일은 똑같기 때문이다.

많은 영업인이 영업을 힘들고 짜증 나는 일이라 여긴다. 그러나 실제로 이렇게 말하는 사람이 있다면 그는 실패한 영업인이다. 처음부터 제대로 영업을 배웠다면 절대로 영업을 힘들고 짜 증 나는 일이라 하지 못한다. 처음부터 제대로만 배우면 어떤 분 야의 영업이든 성공할 수 있다. 전문대 출신에 연봉 1억 이상을 받을 수 있는 직업이 영업 말고 또 무엇이 있을까? 게다가 시간적 여유까지 누리면서 말이다. 사무실이 아닌 외부에서 일하다 보니 회사나 상사의 간섭도 받지 않는 것도 매력이다. 신의 직장이 있 다면, 나는 모든 직장의 영업부라고 생각한다. 이 책을 읽고 있는 당신이 영업인이라면, 세상에서 가장 편하게 일하면서 돈을 많이 벌 수 있는 기회를 잡았다고 말하고 싶다. 영업을 시작하고 싶은 사람이라면, 망설이지 말고 당장 도전하라.

우리나라 기업 근로자의 정년은 대략 60세 전후다. 그리고 평 균 수명이 길어지며, 근로자의 정년을 65세로 조정하는 방안이 2022년에 추진된다. 구체적으로는 2016년 60세로 상향 조정된 법정 정년은 그대로 두되, 기업이 해당 근로자를 계속 일할 수 있 도록 채용을 의무화하게 된다. 그럼에도 불구하고, 근로자는 퇴 직 후 20~30년간 무엇을 하며 살지가 걱정이다. 게다가 어렵고 힘든 일은 로봇이 대체하게 되니 일자리는 부족해질 전망이다.

1918년생인 한 축산업 재료 업체의 영업인이 있다. 그는 100 세 가까운 나이임에도 매일 아침 8시 반이면 고객을 만난다. 하루에 160km를 운전하며, 그가 하는 일은 300개의 농장에 물품을 공급하는 것이다. 돈도 벌고 건강에 도움이 되니 일을 그만둘 리 없다. 참 대단하기도 하고 존경심이 드는 영업인이다.

기회가 된다면 나도 평생 영업 현장에 있고 싶다. 영업을 통해, 학교에서 우유 급식조차 받을 수 없을 정도로 가난했던 내가 연봉 1억이 넘는 수준으로 성장했다. 내가 인생에서 영업을 만나지 않았더라면 어땠을까? 평범한 직장인을 선택했더라면 지금 누리는 것들을 이루지 못했을 것 같다.

대학교 졸업 후 스펙도, 좋은 학벌도 없는 내가 상위 1%의 영업인이 되었다. 게다가 강사라는 꿈도 이루었다. 내가 해냈다면, 당신도 할 수 있다. 방법은 쉽고 간단한데, 그걸 알기 전까지는 왜 그리 힘들고 어려운지 경험상 잘 알고 있다. 자신감을 갖고 당당히 나아가라. 당신이 원하는 간절한 꿈은 상상하는 대로, 말하는 대로 모두 이루어질 것이다.

나는 아직 젊다. 지금까지 살아온 날보다 앞으로 살아갈 날이 더 많다. 영업 현장에서 전국을 누벼야 할 날이 더 많다. 그래서 하루하루가 소중하고, 감사하다. 매 순간을 좋은 에너지로 가득 채우려고 노력하는 이유다. 참 행복하다. 이런 확신을 가질 수 있는 이유는 그동안 영업에 열정을 쏟았고, 그 결실을 맛보았기 때문이다. 늘 이제 시작이라는 마음으로 나를 채찍질하며 나아가고 있다.

영업을 힘들고 짜증 나는 일이라고 생각하고 말하면 정말 그렇게 된다. 불변의 진리다. 불평하는 사람에게 행운은 찾아오지 않는다. 힘들더라도 '되는 이유를 찾자! 해보자! 할 수 있다!'라는 긍정의 메시지를 던져야 한다. 환경을 탓하기보다 그 안에서 내가 할 수 있는 작은 것부터 찾아 시작해보는 습관을 가져라. 성취감을 조금씩 맛보다보면 성공을 향해 전진하는 당신을 볼 수 있을 것이다.

세상에 쉬운 일은 없다. 쉽고 편하게 돈을 벌고, 성과가 뒤따르는 일이 있다고 한다면 그건 사기거나 헛된 망상이다. 이런 일이 있다면 내게 알려주기를 바란다.

나는 인간관계와 심리학, 리더십과 코칭, 커뮤니케이션, 성격 유형 등을 공부하고 연구하고 있으며, 어떤 학문이든 영업에 적용할 수 있다는 걸 알았다. 지식 습득, 경험, 적용의 패러다임만 있으면 영업 전반에 적용이 가능하다.

배움은 내게 일뿐 아니라, 삶의 모든 영역에 더 긍정적이고 적극적인 에너지를 주었다. 누구보다 자신감이 넘치고, 실질적인 능력도 향상되었다. 원하는 목표를 조금 더 효과적으로 이룰 수 있는 원동력이 된 셈이다.

화려하고 큰 목표가 아니어도 된다. 아주 작은 배움일지라도 영업 현장에 적용해보라. 긍정적인 변화가 일어날 것이다.

당신의 인생과 일에 나의 이야기가 조금이라도 도움이 되기를 소망하며, 지금 하는 일이 원하는 방향으로 갈 수 있기를 응원한다. 성공과 최고의 행복을 맛보길 기도한다. 당신의 영업 인생에 멘토가 필요하다면 나에게 연락해도 좋다.

영업은 100세 인생의 시작이자 끝이다. 당신 주변에도 성공 스토리를 가진 사람이 있을 것이다. 그들을 공부하고 닮아야 한다. 당신을 응원한다.

인생,
영업으로 시작하면 성공한다

인생과 영업은 공통점이 많다. 살면서 갖고 싶은 것, 되고 싶은 것, 성취하고 싶은 것 등 모두 결국 내가 생각하는 방식에 의해 결정된다. 그러므로 생각을 바꾼다는 건 인생을 변화시키는 것과 같다.

고대 그리스의 철학자 에픽테토스는 "상황이 사람을 만드는 것이 아니다. 상황은 단지 자신이 어떤 사람인지를 스스로에게 드러내 보일 뿐이다."라고 말했다. 따라서 영업 현장에 적용해보자면, 내가 어려운 상황과 환경에 놓였을 때 어떻게 생각하고 행동하는지를 보면 나를 잘 알 수 있다. 영업이 인생의 주연이라면,

나머지는 다 조연이다. 그간의 영업 활동을 통해 배운 성공의 세 가지 기술이 있다.

첫째, 목표를 설정한다. 목표를 설정하고, 그것을 성취하기 위한 계획을 세울 수 있어야 한다. 나는 새벽 4시에 일어나 책을 읽고, 글을 쓰며, 낮에는 영업 현장을 누빈다. 퇴근 후에는 세 아이와 함께 시간을 보낸다. 24시간을 쪼개서 성실히 살다 보니 1년에 100권 이상의 책을 읽을 수 있게 되었다. 모두 나만의 뚜렷한 목표가 있기 때문이다.

둘째, 할 수 있다는 확고한 의지를 갖는다. 영국의 비평가이자 역사가인 토마스 칼라일은 "의지가 없는 사람은 아무리 평탄한 길이라도 전진과 후퇴를 반복하며 진보 없는 생을 이어나가지만, 의지가 강한 사람은 아무리 굴곡진 길이라도 꾸준히 전진한다."라고 말했다. 나는 매주 토요일 새벽, 영업과 마케팅 그리고 리더십 코칭, 조직행동론 등의 수업을 듣는다. 배움을 영업 현장에 적용해 성과를 내는 일은 즐겁고 보람차다. 확고한 의지로 실행할 수 있는 원동력은 위에서 말한 목표 설정 기술이 있어야 가능하다. 목표가 크면 클수록, 열망이 강할수록 자제력과 의지력을 발휘해 성취할 수 있다.

셋째, 우연보다는 법칙을 믿는다. 인생과 영업 모두 원인에 의

한 결과이다. 작용과 반작용의 원칙이 적용된다. 당신의 현재 모습은 어떤 대가를 지불한 결과이다. 미래도 그러할 것이다. 목표를 설정하고, 확고한 의지를 가졌다면 다음은 실행과 행동이다. 원하는 것을 얻으려면 값을 지불해야 한다. 비용이든, 시간이든, 노력이든 무언가를 지불해야만 한다. 목표도 있고 의지도 있는데 성과가 없는 영업인이 있다면, 그것은 어떤 우연을 바라기 때문이다. 그간 내가 전문대에 입학해 아르바이트를 하고, 장학금을 타며 학비를 마련한 건 공부에 전념해야 한다는 믿음 때문이었다. 그 이후로도 나는 학업을 계속 이어나갔다. 이 또한 모두 목표가 있었기 때문이다. 당신의 모든 결과에는 반드시 구체적인 원인이 존재한다.

목표가 원인이라면 행복, 성공, 자유, 경제적 부는 결과다. 당신이 목표라는 씨앗을 잘 뿌려야 하는 이유다. 성공을 위한 필요조건은 목표를 설정하는 능력이라는 걸 유념하라. 간혹, 목표를 설정하지 않는 영업인을 만날 때가 있다. 그들을 데이터 분석한 결과 세 가지 이유를 알 수 있었다.

첫째, 주변에 뚜렷한 목표가 있는 사람이 없다. 당신이 목표가 없는 사람과 어울린다면 당신 또한 그런 삶을 살 확률이 높다. 상황이 비슷한 사람을 만나 비슷한 생각을 나누고, 실패를 위로하며 지낸다면, 결국에는 발전 없는 하루하루를 보내게 될 것이다. 당신이 변화를 원한다면, 목표가 확고한 사람을 사귀어야 한다.

둘째, 목표의 중요성을 모른다. 그들은 지금껏 목표의 중요성을 인식하거나 가르침을 받은 적이 없다. 회사에서 "이게 당신의 목표야!"라고 정해주면 그대로 따른다. 내가 왜 영업을 하는지, 이 목표가 나와 어떤 연관이 있는지에 대한 물음조차 없다면 반성해야 한다. 영업뿐 아니라 인생에도 목표가 필요하다는 걸 깨닫는다면 지금보다 행복한 삶을 살 수 있다.

셋째, 실패에 대한 두려움이 크다. 실패에 대한 두려움이 큰 사람을 보면 "지금 만족해. 이 정도만 하지 뭐."라는 말을 자주 한다. 그러나 실패가 없으면 성공도 없다. 실패는 과정일 뿐이지 결과가 아니다. 도전하지 않는 것이 문제다. 성공으로 가는 과정에 실패가 있다고 생각하라. 실패에 대한 두려움을 극복하라. 인류의 가장 위대한 성공 뒤에는 위대한 실패의 연속이 있었다. 루스벨트 대통령의 고문관이자 성공 철학의 대가인 나폴레온 힐은 "모든 불행 속에는 큰 기회나 이익의 씨앗이 들어 있다."라고 말했다. 실패의 과정을 극복하기 위해서는 실패 속에서 가치 있는 교훈과 배움을 발견하는 것이다.

당신의 인생은 소중하다. 지금의 모습으로 당신의 가치를 판단하지 마라. 당신의 무한한 가능성과 잠재력을 믿고, 당신에게 기회를 주어라. 내가 내 인생을 위해 영업에 목숨을 건 것처럼 말이다.

많은 사람이 영업인이라고 하면 단순히 제품을 판매하는 사람으로만 생각한다. 틀린 말은 아니다. 그러나 흔히 말하는 장사와 판매는 영업과 다르다. 장사는 물건을 사고 파는 일이고, 판매는 제품을 파는 일을 말한다. 그러나 영업은 비즈니스다. 그래서 영업은 고객과의 지속적인 관계를 통해 이익과 수익을 올린다.

내가 영업을 인생과 같다고 한 이유다. 우리 인생이 영업의 연속이라 볼 수 있다. 나는 20대 초반, 기업교육 제안 영업으로 시작해 지금 IT 기업 영업부 매니저가 되었고, 다양한 분야의 영업을 경험하며 많은 것을 이뤘다. 그리고 여전히 영업에 필요한 다양한 분야의 학문을 배우며, 배움을 바탕으로 많은 성과를 내고 있다. 즉, 이만큼의 성과를 창출할 수 있었던 비결은 영업으로 시작했고, 지금도 영업을 하고 있기 때문이다. 그러므로 나는 앞으로도 영업 현장에 존재할 것이다. 영업하길 참 잘했다.